LA DIVINA

COMEDIA DI DANTE

SEBASTIAN SCHÜTZE
MARIA ANTONIETTA TERZOLI

Die vollständigen Zeichnungen

William Blake

Dantes *Göttliche Komödie*

Directed and produced by
BENEDIKT TASCHEN

TASCHEN

INHALT

SEBASTIAN SCHÜTZE

William Blake
Katalog der Zeichnungen

Katalog der Druckgrafiken

Anhang

Das Jenseits bei Dante zwischen antikem Mythos und christlicher Theologie

MARIA ANTONIETTA TERZOLI

Über das Leben eines der größten Dichter, der die gesamte Geschichte der italienischen wie der europäischen Literatur maßgeblich beeinflusst hat, wissen wir nur sehr wenig – angesichts der unüberschaubaren Fülle an Publikationen ein paradoxer Sachverhalt. Ist die Quellenlage für die Zeit bis 1301 schon äußerst mager, so fällt sie für die Zeit des Exils noch dürftiger aus: 1265 als Sohn einer Familie des Florentiner Kleinadels geboren, fühlte sich Dante Alighieri (1265–1321; Abb. S. 2) schon früh von den blühenden künstlerischen Milieus der zweiten Hälfte des 13. Jahrhunderts angezogen und begann als junger Mann, in der Volkssprache zu dichten. 1295 verschaffte er sich durch Einschreibung in die Zunft der Ärzte und Apotheker Zugang zu öffentlichen Ämtern, die nach der Gesetzgebung von Giano della Bella seit 1293 Adligen versperrt waren, die keiner Zunft angehörten. In den lokalen Machtkämpfen zwischen den Cerchi (weiße Guelfen) und den Donati (schwarze Guelfen) nahm er Stellung für die Weißen, wurde für ein Bimester, vom 15. Juni bis 15. August 1300, zum Prior gewählt und machte sich während seiner Amtszeit einen Namen als unnachgiebiger Verteidiger der Unabhängigkeit von Florenz gegenüber den Territorialansprüchen der Kurie unter Papst Bonifatius VIII. (reg. 1294–1303). In dieser Funktion begab er sich im Oktober 1301 auf eine diplomatische Mission nach Rom, wo er vom Papst festgehalten wurde, während Karl von Valois (1270–1325), Bruder des französischen Königs Philipp IV., des Schönen (1268–1314), als Friedensstifter in Florenz einzog, dann aber die Schwarzen begünstigte, die sofort die Stadt besetzten und ihren Gegnern unbarmherzig den Prozess machten.

Im Januar 1302 wurde Dante zur Zahlung einer Geldstrafe, zu zweijähriger Verbannung und lebenslänglichem Ausschluss von allen öffentlichen Ämtern verurteilt; in einem zweiten Urteil vom 10. März 1302 wurde er sogar zum Tode verurteilt und sein gesamter Besitz konfisziert. Diese Strafe wurde später auf alle männlichen Nachkommen ausgedehnt. Anfänglich beteiligte sich der Dichter an den militärischen Versuchen der weißen Guelfen, die Stadt mit Gewalt zurückzuerobern, zog sich dann aber bald, schon vor der schweren Niederlage in der Schlacht von Lastra am 20. Juli 1304, zurück. Als Heinrich VII. von Luxemburg (1274?–1313) im Oktober 1310 in Italien einmarschierte, flammten seine Hoffnungen auf politische Veränderung kurzfristig noch einmal auf, doch mit dem plötzlichen Tod des Kaisers im August 1313 zerbrachen auch diese Illusionen. Im Mai 1315 gewährten die schwarzen Guelfen den exilierten Weißen eine Amnestie, doch der Dichter lehnte die damit verbundenen unwürdigen Bedingungen für eine Heimkehr entrüstet ab.

Dante sollte nie wieder nach Florenz zurückkehren. Vielleicht ist es keine Übertreibung, wenn man Dantes Entwurf eines wohlgeordneten Jenseits, wo Strafe und Belohnung klar geregelt sind und endlich eine höhere Gerechtigkeit obsiegt, als geniales Gegenbild zu seinem eigenen dramatischen Schicksal liest, als eine Art höhere Genugtuung für die Entbehrungen des unverdienten Exils. Über die Zeit seines Exils wissen wir nur, dass sich Dante als Gast an diversen Höfen in Norditalien aufhielt, wo er Kanzleiarbeiten und diplomatische Missionen für seine Gastgeber übernahm: bei den Scaligern in Verona, den Malaspina in der Lunigiana, im Casentino, im Trevigiano, dann wieder in Verona und schließlich in Ravenna bei Guido Novello da Polenta, dem Neffen der Francesca da Rimini, die er im 5. Gesang der Hölle verewigte. Dante starb im September 1321 an Malaria, die er sich auf der Rückreise von einer Gesandtschaft in Venedig zugezogen hatte.[1]

Anders als bei den großen Dichtern der nachfolgenden Generation wie Francesco Petrarca (1304–1374) oder Giovanni Boccaccio (1313–1375), von denen einige Originalhandschriften erhalten sind, wie Petrarcas Manuskript des *Canzoniere* sowie ein Notizbuch mit Texten und Varianten[2] und Boccaccios *Decamerone*[3], ging Dantes gesamter Besitz aufgrund der Konfiszierungen in Florenz und der ständigen Ortswechsel während des Exils verloren, sodass wir von ihm kein einziges Autograf besitzen. Folglich ist sogar die Datierung seines Hauptwerkes umstritten. Nach Aussage von Boccaccio, seinem ersten Biografen, soll er bereits in Florenz an der *Divina Commedia* gearbeitet haben. In seinem *Trattatello in laude di Dante* (1351–1355) berichtet Boccaccio, dass 1306 bei den Familienpapieren, die die Ehefrau vor der Beschlagnahmung in Sicherheit gebracht hatte, durch einen glücklichen Zufall die ersten sieben Gesänge des *Inferno* wiederaufgetaucht seien. Dieses Manuskript habe man dann an Dante geschickt, der sich damals bei den Malaspina aufhielt und die Arbeit sofort wieder aufgenommen habe. Selbst wenn es schon frühere Versuche gegeben haben sollte, manchen Quellen zufolge sogar auf Latein, so wurde die *Divina Commedia* in der uns bekannten Form sehr wahrscheinlich doch erst im Exil verfasst, genauer gesagt ab 1306/07, nachdem Dante die Arbeit an dem lateinischen Text *De vulgari eloquentia* und am in der Volkssprache geschriebenen *Convivio* abgebrochen hatte. Aufgrund interner Indizien und historischer Belege geht man heute davon aus, dass das *Inferno* zwischen 1306 und 1309, das *Purgatorio* spätestens 1313 und das *Paradiso* etwa zwischen 1316 und 1321 entstanden sind.[4]

Obwohl Dante noch bis zu seinem Tod an der *Divina Commedia* arbeitete, kamen einzelne Gesänge, vor allem aus den ersten beiden *Cantiche*, doch bereits unmittelbar nach ihrer Fertigstellung in Umlauf; das wissen wir, weil sie von Zeitgenossen erwähnt wurden und andere Autoren darauf Bezug nahmen oder daraus zitierten. Dantes Originalhandschrift und die ersten Teilabschriften, die

ABB. 1 *(Seite 6)*
Nardo di Cione, **Hölle**, 1357
Fresko. *Florenz, Santa Maria Novella, Cappella Strozzi*

— 8 —

ABB. 2
Sienesische Schule, **Dante, Vergil und die wilden Tiere**, um 1345
Illuminierte Handschrift. *Florenz, Biblioteca Medicea Laurenziana, Ms. Laur. Plut. 40.3, fol. 1r*

zu Lebzeiten des Autors kursierten, sind verloren. Der Text in der heutigen Form, den Giuseppe Petrocchi im Auftrag der Società Dantesca Italiana 1966/67 edierte, wurde aus Manuskripten der „antica vulgata" rekonstruiert. Dabei handelt es sich um Abschriften, mit denen etwa zehn Jahre nach Dantes Tod begonnen und an denen bis Mitte des 14. Jahrhunderts gearbeitet wurde (1330–1355). Die enorme Verbreitung des Manuskripts sowie die damit einhergehende orale wie mnemonische Tradition zeugen von dem unmittelbaren Erfolg der *Divina Commedia* in ganz unterschiedlichen sozialen Schichten, der das gesamte 14. Jahrhundert hindurch und bis ins 15. Jahrhundert hinein anhielt, als 1472 in Foligno die erste gedruckte Fassung herauskam (Abb. 3).[5] Noch im selben Jahr wurden in Mantua und Jesi zwei weitere Druckfassungen verlegt, denen bald weitere kommentierte und illustrierte Ausgaben folgten. 1502 erschien bei Aldo Manuzio (1449–1515) in Venedig die von Pietro Bembo (1470–1547) edierte Ausgabe, die auf dem von Boccaccio an Petrarca geschickten Manuskript beruhte, das sich seinerseits an einer späten volkstümlichen Fassung orientierte, die massenhaft in Werkstätten in Bologna und Florenz hergestellt wurde und den Dante'schen Text sprachlich modernisierte, um ihn einem größeren Publikum zugänglich zu machen. Bis zum Ende des 19. Jahrhunderts im Wesentlichen unverändert, war Bembos Ausgabe[6] daher maßgeblich für die Rezeption.[7] Der außerordentliche Erfolg der *Divina Commedia* spiegelt sich auch in den prächtigen Manuskripten, die im 14. und 15. Jahrhundert in ganz Italien entstanden (Abb. 2–5, 7–9, 11, 12, 14).

Das Adjektiv „göttlich" stammt nicht von Dante, sondern wurde von Boccaccio in seinem *Trattatello in laude di Dante* eingeführt, um das Werk überschwänglich zu loben; zum selbstverständlichen Teil des Titels, *La Divina Commedia,* wurde es erst anlässlich der 1555 von Ludovico Dolce für Giolito in Venedig besorgten Ausgabe.[8] Trotzdem ließe sich wohl kaum eine treffendere Bezeichnung finden für die Größe dieses absoluten Meisterwerks – erschaffen wie durch ein Wunder in den Anfängen einer Literatur, die noch in den Kinderschuhen steckte, und in einer Sprache geschrieben, die zum großen Teil erst noch erfunden werden musste – ein Werk, das in genialem Synkretismus antike und mittelalterliche Kultur, Heilige Schrift und lateinische

Klassiker, Literatur und Philosophie, Naturwissenschaft und Geografie, Politik und Geschichte, christliche und heidnische Welt miteinander verschmolz. Trotz ihres hohen Alters hat die *Divina Commedia* nichts an Aktualität verloren und vermag bis heute, den Leser zutiefst zu berühren: Obwohl Ort und Zeit für den heutigen Leser nicht fremder sein könnten, sind die Geschichten und Leidenschaften der handelnden Figuren so aktuell und spannend, dass sie zur Metapher universeller Gefühle werden.

Dante selbst nennt sein Poem einfach *Comedìa*, wie aus zwei Stellen der ersten *Cantica* hervorgeht, „und ich schwöre dir, Leser, bei den Versen dieser Komödie" (*Inferno* XVI, 127–128) und „So, von Brück' zu Brücke, anderes beredend, was meine Komödie nicht zu besingen braucht" (*Inferno* XXI, 1–2). Vergils in sublimem Stil und auf Latein verfasstes Poem bezeichnet er hingegen als *tragedia*: „und so besingt ihn an einer Stelle mein hohes Gedicht" (*Inferno* XX, 112–113).[9] Neben der eindeutigen Bezugnahme auf die *Aeneis* und der Erklärung der Besonderheit seines eigenen Textes (auf Italienisch und in einem Stil, der sämtliche Sprachregister, einschließlich des niedrigsten, ermöglicht) reklamiert Dante hier für seine absolut neue, revolutionierende literarische Form auch eine Verwandtschaft mit der dramatischen Gattung der Komödie, die von einem schwierigen, leidvollen Anfang zu einem glücklichen Ausgang führt: von dem Gefühl der Verlorenheit im dunklen Wald im 1. Gesang des *Inferno* über den Abstieg in die finsteren, leidvollen Höllenkreise bis zur Rückkehr ans Tageslicht, auf dem Weg durch das *Purgatorio* und schließlich, nach der Durchquerung des Paradieses (in Gesellschaft von Beatrice), zum Anblick Gottes – der ihm auf Bitten des heiligen Bernhard gewährt wird. Im Verlauf dieser einzigartigen, vom Protagonisten in Ichform erzählten Wanderung[10] tauchen alle gängigen, aus den großen Erzählungen der westlichen Kultur bekannten Jenseitsfahrten antiker Helden wieder auf, wobei sie ihre Vorbilder an Fantasie und Sprachkunst bei Weitem übertreffen: die Reise des Odysseus aus dem elften Buch der *Odyssee*, die Reise des Aeneas aus dem sechsten Buch der *Aeneis* und die Reise des heiligen Paulus, die im zweiten Brief an die Korinther erwähnt und in der *Vision des Paulus* (Visio Pauli) ausführlicher geschildert wird. Damit wird zugleich ein Bezug zur christlichen Heilslehre hergestellt, zu Tod und Auferstehung Christi, wie sie im Neuen Testament erzählt werden und dem christlichen Dichter Dante als Garant der Erlösung und zugleich als Voraussetzung einer neuen Interpretation des Universums galten.

Der neue Held tritt seine Reise ins Jenseits im Alter von 35 Jahren an, also in der ideellen Mitte des menschlichen Lebens,[11] im Heiligen Jahr 1300, ungefähr zu Frühlingsanfang, dem Tag der Tagundnachtgleiche im Zeichen des Widders (21. März bis 21. April). Die Reise dauert vom Abend des Karfreitags bis Mitternacht des folgenden Donnerstags. Geht man davon aus, dass Ostern im Jahr 1300 auf den 10. April fiel, müsste es sich um den Zeitraum vom 8. bis 14. April handeln. Dieser Zeitpunkt ist symbolträchtiger und wirkt überzeugender als die Annahme derjenigen, die den Anfang der Reise auf den 25. März datieren, traditionsgemäß das Datum des ersten Karfreitags (aber nicht im Jahr 1300) und der Verkündigung, mit dem in Florenz das Neue Jahr begann.[12]

Das Werk beginnt am Vorabend, also am Gründonnerstag (7. April oder 24. März), den der Protagonist in Einsamkeit und Schrecken in einem finsteren Wald, Allegorie tiefer moralischer Verirrung, verbringt. Alle Versuche, aus dem Wald herauszufinden, um den „sanften Berg" (*Inferno* I, 77)

COMINCIA LA COMEDIA DI

dante alleghieri di fiorenze nella q̃le tracta
delle pene et punitioni de uitii et demeriti
et premii delle uirtu: Capitolo primo della
p̃ma parte de questo libro loquale sechiama
inferno : nel quale lautore fa prohemio ad
tucto eltractato del libro:·

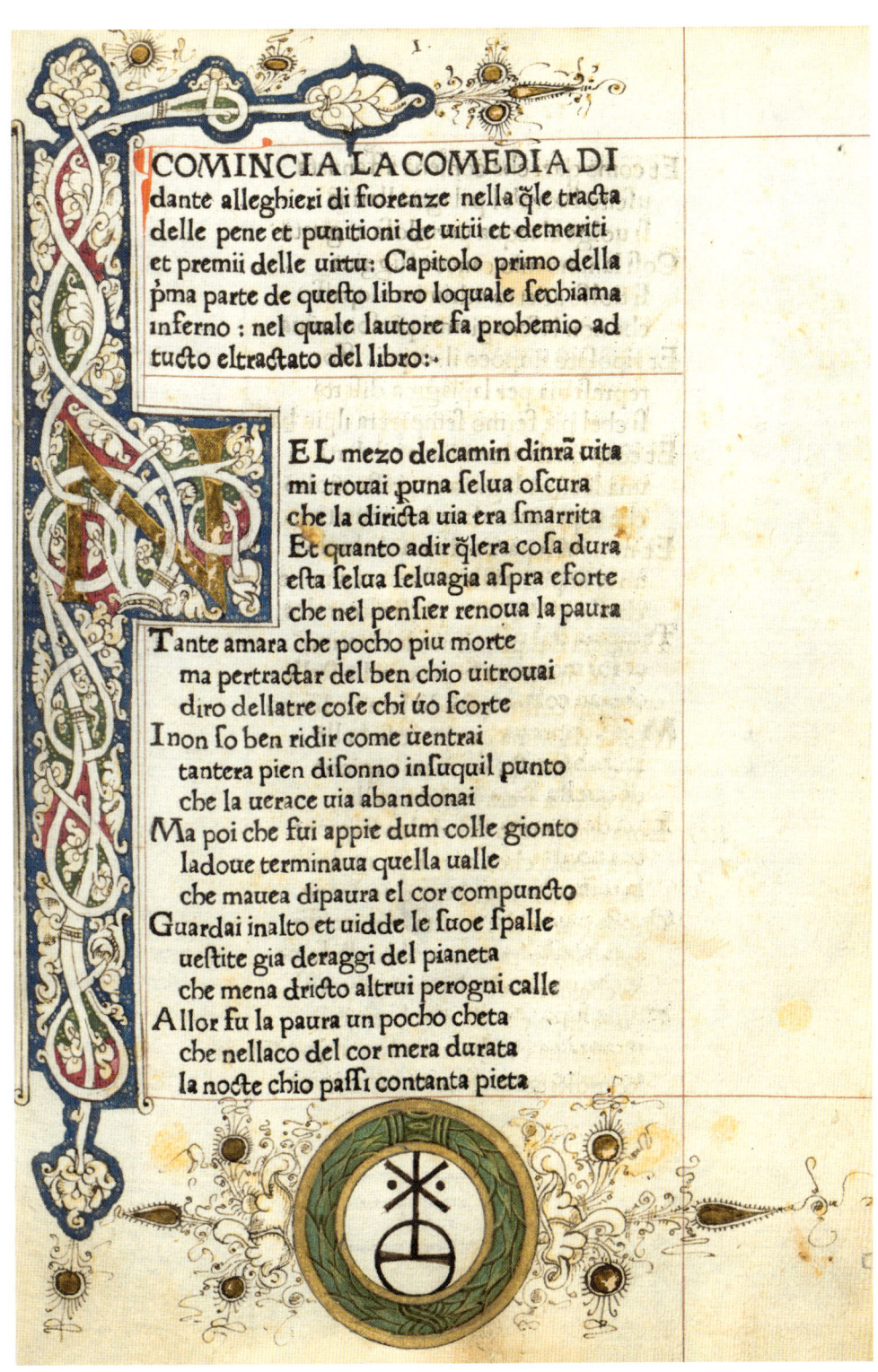

E L mezo delcamin dinr̃a uita
mi trouai puna selua oscura
che la diricta uia era smarrita
Et quanto adir q̃lera cosa dura
esta selua seluagia aspra eforte
che nel pensier renoua la paura
Tante amara che pocho piu morte
ma pertractar del ben chio uitrouai
diro dellatre cose chi úo scorte
Inon so ben ridir come úentrai
tantera pien disonno insuquil punto
che la uerace uia abandonai
Ma poi che fui appie dum colle gionto
ladoue terminaua quella ualle
che mauea dipaura el cor compuncto
Guardai inalto et uidde le suoe spalle
uestite gia deraggi del pianeta
che mena dricto altrui perogni calle
Allor fu la paura un pocho cheta
che nellaco del cor mera durata
la nocte chio passi contanta pieta

.Monte. del purgatoro.

purgatoro.

emispio del altro polo.

Centro della terra.

el nostro polo. emispio nostro.

Selua doue lautore Dante si troua.

[rotated text] Quiui doue no pote salire pli tre fere.

emporzusteigen, Sinnbild der natürlichen Glückseligkeit im Sinne von Aristoteles oder des Parnass bei anderen Exegeten, scheitern, als sich dem Protagonisten im Morgengrauen drei wilde Tiere in den Weg stellen.[13] Da tritt ihm eine helfende Gestalt entgegen, die sich als Vergil zu erkennen gibt, ihm eine schwere Reise durch die drei Reiche des Jenseits ankündigt und sich ihm als Führer durch Hölle und Purgatorium anbietet (*Inferno* I; Abb. 2). Durch das Paradies werde ihn dann Beatrice begleiten, die junge Frau, die Dante in der *Vita nova* besungen hatte, und auf der letzten Etappe schließlich der heilige Bernhard. Der Weg durch die Hölle dauert zwei Tage, Karfreitag und Karsamstag, und schon am Ostersonntag gelangt Dante ins Purgatorium, wo er von Sonntagmorgen bis Donnerstagmittag die meiste Zeit verbringt, um dann das Paradies zu erreichen, wo ihm von Mittag bis Mitternacht nur noch wenige Stunden verbleiben. Die Erzählzeit wird jedoch so gestreckt, dass für alle drei Reiche des Jenseits derselbe Umfang reserviert ist. Nach dem 1. Gesang, der als Einleitung in das Gesamtwerk angelegt ist, folgen drei gleich lange *Cantiche* mit jeweils 33 Gesängen, insgesamt hundert Gesänge mit 14.233 Versen.

Die Zahl drei, die auf das Dogma der Dreifaltigkeit verweist, spielt eine Schlüsselrolle für die Struktur des gesamten Werkes, sie taucht überall wieder auf und findet sich in Episoden, Personen, Bildern, Gleichnissen und rhetorischen Figuren wieder.[14] Selbst das Versmaß – elfsilbige (*endecasillabo*) gereimte Terzinen, deren mittlerer Reim als erster und dritter Reim der folgenden Strophe wiederkehrt (Reimschema ABA BCB CDC […] YZY Z), vermutlich von Dante erfunden, da es Vergleichbares zuvor nicht gab – wiederholt auf Mikroebene, fast wie eine numerische *mise en abyme*, diese Dreierstruktur und die Zahl 33. Besiegelt wird die Einheit des Werkes dadurch, dass alle drei *Cantiche* mit dem Reimwort *stelle* (Sterne) enden, womit auch auf die während der Wanderschaft erworbene moralische Erhebung Dantes angespielt wird: „Dann traten wir hinaus und sahen die Sterne wieder" (*Inferno* XXXIV, 139), „rein und bereit, emporzusteigen zu den Sternen" (*Purgatorio* XXXIII, 145), „die Liebe, die auch die Sonne bewegt und die anderen Sterne" (*Paradiso* XXXIII, 145).

Als Führer durch Hölle und Purgatorium werden weder antike oder moderne Philosophen noch christliche Heilige oder mythische Helden gewählt, sondern der Dichter Vergil. Diese Wahl ist kein Zufall, sondern verweist von vornherein auf eine bestimmte Wertehierarchie, die dem künstlerischen Schaffen eindeutig den ersten Rang einräumt. Der größte Dichter der Antike übernimmt die Führung des modernen Dichters, der sich gleich zu Beginn an Vergil wendet, nicht etwa an Apoll oder die Musen, und sich als sein glühender Verehrer und hingebungsvoller Schüler zu erkennen gibt: „O du, Ehre und Leuchte der anderen Dichter, möge es sich für mich lohnen, das lange Bemühen und die große Liebe, die mich zu deinem Buch haben greifen lassen. Du bist mein Meister und mein Urheber; von dir allein konnte ich den schönen Stil übernehmen, der mir Ehre gemacht hat" (*Inferno* I, 82–87). Sogar das Thema des Werkes wird nicht einem auktorialen Erzähler in den Mund gelegt, sondern Vergil, der es in sechs Terzinen formuliert (I, 112–129), nachdem er nur eine Terzine gebraucht hat, um das Anliegen der *Aeneis* zusammenzufassen (I, 73–75). Wie bei einem Staffellauf gibt der antike Dichter den Stab an den modernen weiter und bekräftigt diesen Wechsel am Ende des 27. Gesangs des *Purgatorio* mit den Worten: „Von mir brauchst du keine Worte und keine Zeichen mehr zu erwarten; frei, gerade und gesund ist nun

ABB. 4
Florentinischer Meister, **Sturz des Luzifers**, 15. Jahrhundert
Illuminierte Handschrift. *Florenz, Biblioteca Nazionale Centrale, Ms. BR 215, fol. IIIv*

ABB. 5
Giovanni di Paolo, **Adler der Gerechtigkeit**, um 1442–1450
Illuminierte Handschrift für Alfonso von Aragón
London, The British Library, Yates Thompson, Ms. 36, fol. 162r

dein Wille, und falsch wäre es, nicht nach seinem Sinn zu handeln. So kröne ich dich nun zum
Herrscher über dich selbst" (*Purgatorio* XXVII, 139–142). Zwar bezieht er sich damit auf die nun-
mehr erworbene moralische Autonomie des Schülers, spielt zugleich aber auch auf die symbolische Krönung als Dichter an. Intuitiv haben offenbar auch Maler und Illustratoren diese innige
Verbindung zwischen den beiden Dichtern erkannt, denn fast alle stellen Dante und Vergil dicht
nebeneinander dar, äußerlich von großer Ähnlichkeit und manchmal unterscheidbar nur an der
Farbe der Kleidung; blau für den antiken Dichter, rot für den christlichen, als bildeten die beiden
ein einziges, unzertrennliches Element der Szene.

Die eigentliche Wanderung beginnt am Karfreitag bei Sonnenuntergang, im 2. Gesang des
Inferno, der mit einer Anrufung der Musen, der hohen Kunst und des Gedächtnisses (*Inferno* II,
7–9) einsetzt, gefolgt von einer erneuten Bitte an Vergil (*Inferno* II, 10–36), ihm bei dieser kühnen
Reise ins Jenseits, die vor ihm nur Aeneas und Paulus gewagt hatten, zu unterstützen. Ein erneu-
ter Hilferuf an die Musen, diesmal in noch feierlicherem Ton, folgt im 1. Gesang des *Purgatorio*
(I, 7–12), in dem auf den Gesangswettstreit mit den Pieriden angespielt wird, von dem Ovid im
fünften Buch der *Metamorphosen* berichtet. Erneut aufgegriffen wird das Thema anlässlich der
umfangreichen Anrufung des Dichtergottes Apoll, der aus dem Gesangswettstreit mit Marsyas als
Sieger hervorging (*Paradiso* I, 13–36).

Eine ausführliche Beschäftigung mit der ersten *Cantica* empfiehlt sich, weil auch William
Blake (1757–1827) den weitaus größten Teil seiner Illustrationen dem *Inferno* gewidmet hat: Bei
ihm entfallen 72 Zeichnungen auf die Darstellung des *Inferno*, während er dem *Purgatorio* nur
20, dem *Paradiso* sogar nur 10 Zeichnungen gewidmet hat. Da es für die Darstellung der Hölle
keinerlei Vorbilder gab, weder in der Literatur noch in der Theologie, verdankt sich ihr komple-

xer Aufbau allein der schöpferischen Kraft Dantes. Dabei schuf er einen strengen, gut organisierten Ort der Bestrafung, an dem alle Sünden einer präzisen Hierarchie unterliegen und nach einem genau durchdachten System von Vergeltungsmaßnahmen (*contrappasso*) geahndet werden (Abb. S. 452). Unterirdisch, in tiefe Finsternis gehüllt, liegt das Dante'sche Inferno unter der Stadt Jerusalem, nach dem ptolemäischen Weltbild der Mittelpunkt der nördlichen Halbkugel, und ragt wie ein spitz zulaufender Trichter bis ins Zentrum der Erde hinab, wo, ins Eis gerammt, Luzifer, der abtrünnige Engel, seine Strafe verbüßt (Abb. 13, 14). Die Hölle besteht aus neun Ringen, die ihrerseits in Kreise und *Bolge* unterteilt sind. Je tiefer und enger der Ring, desto schwerer die Sünde. Das System der Zuordnung beruht auf der aristotelischen Ethik und reicht von den leichteren Vergehen der körperlichen Maßlosigkeit wie Schlemmerei und Wollust bis hin zu den schlimmsten, intellektuell gesteuerten und bewusst gewählten Untaten wie Betrug und Verrat.[15]

Über dem Tor zur Hölle befindet sich eine Inschrift mit schrecklichen Drohungen (*Inferno* III, 1–9; Abb. 21), die jedem, der hindurchgeht, alle Hoffnung rauben. Unmittelbar dahinter liegt die Vorhölle (*Antinferno*); sie ist den trägen Seelen vorbehalten, die weder gut noch böse waren und deshalb weder ins Paradies noch in die eigentliche Hölle kommen. Dahinter wartet als erste der klassischen Mythologie entlehnte Figur der Fährmann Charon, Sohn des Erebos und der Nacht, um die Seelen über den obersten der Höllenflüsse, den Acheron, zu bringen (Abb. 17) – andere Flüsse sind der schlammige Styx im fünften Ring, der Phlegethon aus kochendem Blut im siebten Ring und der zugefrorene Kokytos im neunten. Da der furchterregende Fährmann sich weigert, auf seinem Boot einen Lebenden mitzunehmen, muss der Übergang auf andere Art erfolgen. Nachdem Dante bei einem Erdbeben das Bewusstsein verloren hat, kommt er am anderen Ufer wieder zu sich.

Der erste Höllenkreis, der sogenannte Limbus, ist der Ort der ungetauften Seelen, z. B. der ungetauften Kinder, aber auch der schuldlosen Nichtchristen. Ihre Strafe besteht in der unerfüllten Sehnsucht nach Gott. Dazu gehört auch Vergil, der mit anderen illustren Geistern an einem strahlenden Ort in einer edlen, von einer blühenden Wiese umgebenen Burg lebt: An diesem unerwarteten *Locus amoenus* trifft Dante auf die größten Dichter der Antike – Homer, Horaz, Ovid, Lukan – und wird von ihnen mit respektvoller Zuneigung begrüßt (4. Gesang). In den folgenden vier Kreisen büßen die Sünder der Maßlosigkeit (*incontinenza*) – die Triebhaften im zweiten, die Fressgierigen im dritten, Habsüchtige und Verschwender im vierten und Jähzornige und Verdrossene im fünften Kreis –, bewacht von Figuren, die der klassischen Mythologie entlehnt sind: Minos, der Richter der gesamten Unterwelt, Cerberus, der dreiköpfige Riesenhund, Pluto und Phlegias. Die von ihrer Leidenschaft getriebenen Liebessünder büßen im ewigen Höllensturm, der sie unentwegt vor sich her treibt. Hier begegnet Dante den berühmtesten Liebenden der Antike wie Kleopatra, Helena, Paris, Dido, aber auch zwei Zeitgenossen, Paolo und Francesca, Schwager und Schwägerin, die wegen ihres Ehebruch von Francescas Ehemann ermordet wurden und nun in der Verbüßung der Strafe für immer vereint sind, als würde die Liebe, die ihren Tod verursacht hat, nicht einmal im Jenseits erlöschen. Ihre von Francesca erzählte Geschichte gehört zu den berühmtesten Episoden der Weltliteratur und ergreift Dante so sehr, dass er dabei vor Rührung in Ohnmacht fällt (5. Gesang).

ABB. 6 *(Seite 16–17)*
Domenico di Michelino, **Dante als Dichter der *Divina Commedia***, 1465
Tempera auf Holz, 232,5 x 292 cm. *Florenz, Dom*

LASCIATE OGNI
SPERANZA VO
TIENTRATE

QVI COELVM CECINIT MEDIVMQVE IMVMQVE TRIBVNAL· LVSTRAVITQVE ANIMO C
SENSIT CONSILIIS AC PIETATE PATREM· NIL POTVIT TANTO MORS SAEVA NOCERE P

POETA SVO ✦ DOCTVS ADEST DANTES SVA QVEM FLORENTIA SAEPE
QVEM VIVVM VIRTVS CARMEN IMAGO FACIT ✦

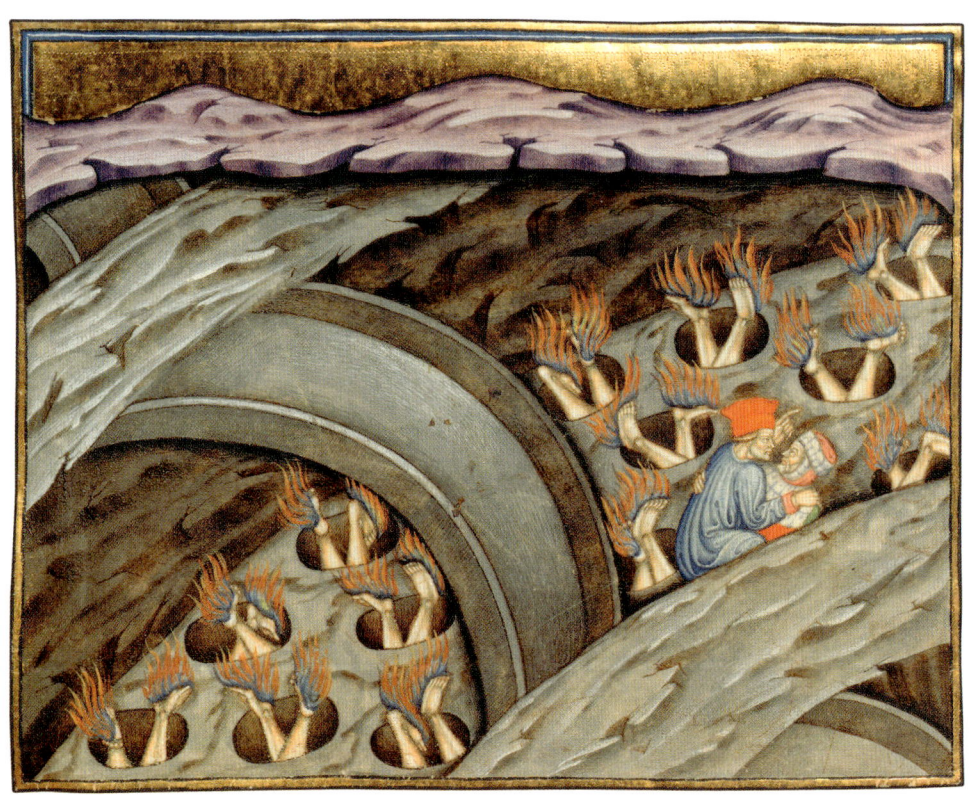

ABB. 7
Meister der Vitae Imperatorum, **Vergil und Dante entfernen sich vom Graben der Simonisten**, um 1440
Illuminierte Handschrift mit den Kommentaren von Guiniforte delli Bargigi
Paris, Bibliothèque nationale de France, Ms. 2017, fol. 230v

Hinter dem fünften Kreis erheben sich die Mauern der Stadt Dis, umgeben vom Höllensumpf.
Der Eingang wird von einer Teufelshorde und drei schrecklichen Erinnyen bewacht, die Dante
so lange den Zutritt verwehren, bis ein himmlischer Bote erscheint, der das Tor aufstößt und die
beiden Wanderer einlässt. Dahinter liegt der sechste Kreis, wo die Ketzer in Flammengräbern
büßen. Zu den dramatischsten Episoden gehört – wegen Dantes persönlicher Betroffenheit und
vielleicht auch Reue – die Begegnung mit Cavalcante de' Cavalcanti (10. Gesang), dem Vater des
Dichters Guido Cavalcanti (1258–1300), Dantes „erstem Freund", der ein paar Jahre älter war
als er und dem Dante seine *Vita nova* gewidmet hatte, von dem er sich aber später, vielleicht
aus ideologischen Gründen, distanzierte. Als er Dante allein, ohne seinen Busenfreund Guido
sieht, erkundigt sich Cavalcante besorgt nach dem Verbleib seines Sohnes. Als Dante mit
der Antwort zögert, glaubt Cavalcante, sein Sohn sei tot, und lässt sich verzweifelt in sein Grab
fallen. Zum Zeitpunkt der imaginären Reise ist Guido noch am Leben, aber bei Abfassung des
Gesangs ist er bereits tot, dahingerafft von der Malaria, die er sich in Sarzana zugezogen hatte,
wohin man ihn als Anführer der schwarzen Guelfen ausgerechnet unter dem Priorat Dantes
verbannt hatte.

Nach dem sechsten Kreis tut sich der Abgrund auf, wo die schweren Verstöße gegen das menschliche und göttliche Gesetz geahndet werden. Auf dem Weg zum siebten Kreis, in dem sich die Gewalttätigen aufhalten, geht es steil bergab, und die beiden Wanderer müssen mühsam einen unwegsamen Hang hinunterklettern, der bei dem Erdbeben anlässlich des Todes Christi abgerutscht ist und von Minotaurus bewacht wird. Der Kreis besteht aus drei Ringen für die unterschiedlichen Arten von Gewalttaten: Gewalt gegen den Nächsten (Tyrannen, Mörder, Räuber), Gewalt gegen sich selbst (Selbstmörder, Verschwender), Gewalt gegen Gott und die Natur (Lästerer, Päderasten und Wucherer). Tyrannen, Mörder und Räuber büßen im kochenden Blutstrom des Phlegeton und werden von Kentauren bewacht. Unter den Selbstmördern befindet sich auch Pier delle Vigne (um 1190–1249), sizilianischer Dichter und hoher Beamter am Hofe Friedrichs II. (1194–1250), der sich das Leben nahm, als er des Verrats bezichtigt wurde.

Die Seelen der Selbstmörder sind in wilde, kahle Bäume gebannt, die von riesigen Harpyien zerzaust werden. Noch zusätzlich gequält werden sie von anderen Verdammten, den Verschwendern, die ihrerseits von wütenden Hunden verfolgt werden, deshalb in wilder Jagd durch das Unterholz brechen und dabei zahllose Äste abbrechen. In diesem Bereich der Hölle, der ganz im Zeichen von Tod und Auferstehung, von Christi doppelter Natur als Gott und Mensch steht, treten Zwitterwesen als Wächter und Ungeheuer in Erscheinung: Minotaurus, halb Mensch, halb Stier; die Kentauren, Pferde mit menschlichem Oberkörper, und die Harpyien, große Vögel mit Frauenköpfen.[16]

Um den tiefen Graben zu überwinden, der den siebten vom achten Kreis trennt, sind Dante und Vergil auf die Hilfe des Geryon angewiesen, eines Ungeheuers mit menschlichem Antlitz, Schlangenkörper, Löwentatzen und Skorpionstachel. In seiner monströsen Mischgestalt selbst ein Sinnbild des Betrugs, nimmt Geryon die beiden Wanderer auf den Rücken und trägt sie im Flug zum ersten der zehn Schurkenzwinger *(Malebolge)*, aus denen der Kreis besteht. Hier büßen die Betrüger, die nach der Art ihrer Vergehen eingeteilt werden: Kuppler und Verführer, Schleimer und Schmeichler (Abb. 10), Simonisten (Postenschacherer), Hexer und Wahrsager, Ämterverkäufer, Scheinheilige, Diebe, unlautere Ratgeber, Schismatiker, Zwietrachtstifter und Fälscher. Im achten Zwinger schweben die unlauteren Ratgeber, die ihre Klugheit missbraucht haben, in Flammen eingehüllt. Hier trifft Dante auf den antiken Helden Odysseus, der gemeinsam mit Diomedes für den Betrug mit dem Trojanischen Pferd büßen muss (26. Gesang). Darin erzählt Odysseus, in seinem Wissensdurst Gegenfigur zu Dante, von seinem letzten Abenteuer: der waghalsigen Fahrt über die Säulen des Herkules hinaus, in die unbekannte Welt des südlichen Atlantiks, wo Sterne blinken, die noch nie ein menschliches Auge gesehen hatte, und wo er schließlich beim Anblick des Läuterungsberges Schiffbruch erlitt.

Zwischen dem achten und dem neunten Kreis erstreckt sich der Graben der Giganten, in dem Riesen stehen, die der Protagonist zunächst für Türme hält. Diese Figuren sind aus der Bibel und der antiken Mythologie abgeleitet: Dazu gehören Nimrod, der sagenumwobene Erbauer des Turms zu Babel, der sie mit wüstem, unverständlichem Geschrei empfängt, und Ephialtes, der gegen den Willen des Jupiter mit anderen Titanen den Himmel zu ersteigen versuchte. Angesichts des Grabens scheint es unmöglich, den neunten Kreis zu erreichen. Doch dann lässt sich der Riese Antaeus durch Vergils Redekunst erweichen, hebt die beiden Wanderer mit seiner Riesenpranke hoch und setzt sie sanft auf dem Boden des letzten Höllengrundes ab. Dort befinden sich diejenigen, die Verrat an Personen begangen haben, die ihnen vertraut haben, eingefroren in den Eissee Kokytos, unterteilt nach der Art ihres Verrats: in der Kaina die Verräter an Verwandten, in der Antenora die politischen Verräter, in der Tolomea die Verräter an Tischgenossen, in der Giudecca die Verräter an Wohltätern. Um den Grund der Hölle beschreiben zu können, ruft Dante erneut die Musen zu Hilfe (*Inferno* XXXII, 1–12), benutzt eine harte, raue Sprache, „die harschen, heiseren Laute" (XXXII, 1), und passt damit den Stil dem Schrecken, der unmenschlichen Härte des Ortes und dem unaussprechlichen Leid an.

ABB. 9
Unbekannter Sieneser Künstler, **Dante und Vergil auf der Fahrt ins Purgatorio**, um 1442–1450
Illuminierte Handschrift für Alfons von Aragón
London, The British Library, Yates Thompson, Ms. 36, fol. 65r

ABB. 10 *(Seite 22–23)*
Sandro Botticelli, **Vergil und Dante im achten Kreis der Hölle.**
Bestrafung der Kuppler und Verführer, der Schmeichler und Huren, um 1481–1488
Stift, Feder und Pinsel in Braun und Schwarz und Deckfarben auf Pergament, 32 x 47 cm
Berlin, Staatliche Museen zu Berlin, Kupferstichkabinett

per corre meglíor acqua alza leuele
omai lanauicella uela
che lascía uietro adse mar sì cruvele
et cantero viquel sicondo regnio
voue lumano spirito si purga
et visilir alciel vivenita degnio
la qui lamorta poesì risurgi
osante muse poi che vostro sono
et qui caliope alquanto surga
seguitandol mio canto con quel sono
de cui lepiche misère sentiro
colpo cutal che desperir perdono
olce color voriental zaffiro
chessaccoglieua nel sereno aspecto
vellaere pur infinal prima giro
a gliochi miei ricomincio viletto
tosto chiusci fuoe vellaura moeta
chemavia contristati giochi el pecto
obel pianeto chaamar conforta
faceua tucto rider loeuente
uelando ipesci chenin in sua scorta

Bei den Vaterlandsverrätern erlebt Dante eine besonders grausige Szene, denn dort stößt er auf zwei Verdammte, von denen der eine am Kopf des anderen nagt: Graf Ugolino della Gherardesca und der Erzbischof von Pisa, Ruggieri degli Ubaldini. Ruggieri hatte Ugolino in einen Turm sperren und die Tür zumauern lassen und ihn so gemeinsam mit seinen Kindern zum Hungertod verurteilt (*Inferno* XXXII, XXXIII). Auf Dantes Bitten erzählt Ugolino von ihrem unwürdigen Todeskampf. Wegen der Intensität, mit der hier das Grauen, aber auch die Barmherzigkeit beschworen werden, gehört diese Episode zu denen, die die Fantasie der Leser wie der Illustratoren der *Divina Commedia* am meisten beflügelt haben.

Der letzte Gesang des *Inferno* (XXXIV) beginnt mit dem lateinischen Vers „Vexilla regis prodeunt inferni" – eine Parodie auf die Anfangsworte eines Christushymnus von Venanzio Fortunato (530–um 607), in dem es etwa heißt „Des Königs Banner ziehn herauf"; durch Hinzufügen von *inferni* ändert sich der Sinn zu „Die Fahnen des Höllenkönigs gehen voran", und die Zeile bezieht sich auf Luzifer, ein riesiges Ungeheuer, das im Zentrum des Höllentrichters im Eis des Kokytos steckt. Luzifer hat drei Gesichter und drei riesige Fledermausflügel und erscheint so seinerseits als pervertierte Parodie auf die Dreifaltigkeit (Abb. 14). Mit seinen Flügeln erzeugt er den eisigen Wind, der den Sumpf erstarren lässt, und in seinen drei Mäulern zermalmt er die drei Erzverräter, die auch die letzten Verdammten sind: Judas, der Christus verraten hat, Brutus und Cassius, die Cäsar verraten haben. Wieder werden antike und christliche Welt zugleich zitiert und durch sinnbildliche Figuren dargestellt, die dieselbe Strafe verbüßen. Nach diesem letzten Schreckensbild steigt Vergil mit Dante auf dem Arm zum Mittelpunkt der Erde hinab, krallt sich an Luzifers Fell fest, vollführt eine Drehung aufwärts und verlässt schließlich die Finsternis der Hölle, um wieder die Sterne am Firmament zu sehen.

Am Schluss der ersten *Cantica* gibt Vergil eine Erklärung für die Entstehung des Läuterungsberges (*Inferno* XXXIV, 106–126), die mit dem Sturz Luzifers einherging, der aus dem Empyreum auf das Land der südlichen Halbkugel stürzte, das sich aus Angst unter das Meer zurückzog und dann auf der Nordkugel wieder auftauchte. Aus Angst vor einer Berührung mit Luzifer kam ein Teil der verschobenen Erdmassen in der Mitte der südlichen Halbkugel zum Vorschein und formte einen hohen Berg, auf dessen Hängen sich der in der zweiten *Cantica* geschilderte Läuterungsberg erstreckt (Abb. 4). Nach dem Verlassen der Hölle landen die bei-

ABB. 11
Guglielmo Giraldi, **Dante auf dem Rücken des Kentauren Nessos am Blutstrom Phlegeton**, um 1480
Illuminierte Handschrift für Federico da Montefeltro
Rom, Vatikanstadt, Biblioteca Apostolica Vaticana, Urb. Lat. 365, fol. 30v

ABB. 12
Guglielmo Giraldi, **Relief mit der Demut Trajans und Gruppe der Hochmütigen
unter ihren Lasten**, um 1480
Illuminierte Handschrift für Federico da Montefeltro
Rom, Vatikanstadt, Biblioteca Apostolica Vaticana, Urb. Lat. 365, fol. 127r

den Dichter am Strand der zu läuternden Seelen: Hier treffen sie Cato, den Wächter des Läuterungsberges, der aus Liebe zur Freiheit Selbstmord beging (1. Gesang), und eine Schar von Seelen, unter denen Dante seinen Musikerfreund Casella erkennt, den er vergeblich zu umarmen versucht. Als Casella auf Dantes Bitte hin dessen Lied *Amor che ne la mente mi ragiona* (Amor, der in meinem Geiste redet) vorträgt, lauschen alle Anwesenden hingebungsvoll und sind angesichts der Süße der Worte und Töne zutiefst ergriffen (2. Gesang). Diese Episode ist eine Hymne auf die wunderbare Verbindung der Künste Poesie und Musik und auf die Emotionen, die dadurch hervorgerufen werden.

Die Architektur des *Purgatorio*, auch sie ohne Vorbild, entspringt allein Dantes übersprudelnder Kreativität und besteht aus neun Stufen: dem Vorpurgatorium am Fuß des Berges, sieben spiralförmig um den Berg verlaufenden Pfaden und dem irdischen Paradies an der Spitze (Abb. S. 454). Im Vorpurgatorium lagern die Seelen von Nachlässigen und Faulen, die eine bestimmte Zeit warten müssen, bevor sie ihren Läuterungsweg auf den Berg beginnen können. Dazu gehören vier Gruppen: die exkommuniziert worden sind, diejenigen, die erst im Augenblick des Todes ihre Sünden bereuen, die Ermordeten und die nachlässigen Fürsten. Der eigentliche Läuterungsberg besteht aus sieben konzentrischen Terrassen, die den sieben Todsünden entsprechen: Hochmut, Neid, Zorn, Trägheit, Geiz und Habsucht, Fressgier, Wollust. Wie in der Hölle folgt die Strafe zwar dem Prinzip des *contrappasso*, hat jedoch vorwiegend eine erzieherische und läuternde Funktion. Sie wird begleitet von Gesang und Gebet und ist mit Lehrstücken über entsprechende Laster und Tugenden gespickt, die aus der Heiligen Schrift, der Mythologie und der antiken Geschichte entnommen sind. Auch Dante muss diesen Prozess der Läuterung durchlaufen: Am Eingang zum Purgatorium, auf der ersten Terrasse, ritzt der Wächterengel Dante mit dem Schwert sieben „P" (für *peccato*, Sünde) auf die Stirn (9. Gesang), die dann beim Erreichen jeder neuen Stufe nach und nach verschwinden.

Abb. 13 *(Seite 26–27)*
Sandro Botticelli, **Der Höllentrichter**, nach 1480
Stift, Feder und Pinsel in Braun, Schwarz und Gold und Deckfarben auf Pergament, 32 x 47 cm
Rom, Vatikanstadt, Biblioteca Apostolica Vaticana, Reg. Lat. 1896, pt. A

Abb. 14
Guglielmo Giraldi, **Luzifer**, *um* 1480
Illuminierte Handschrift für Federico da Montefeltro
Rom, Vatikanstadt, Biblioteca Apostolica Vaticana, Urb. Lat. 365, fol. 93r

Abb. 15
Luca Signorelli, **Porträt von Dante Alighieri mit Darstellungen**
der *Göttlichen Komödie*, 1499–1503
Illuminierte Handschrift für Federico da Montefeltro
Fresko. *Orvieto, Dom, Cappella di San Brizio*

Auf der ersten Terrasse gehen die Hochmütigen, von einer schweren Last niedergedrückt, tief gebeugt umher und betrachten die Marmorreliefs mit berühmten Episoden zur Verherrlichung der Demut: Mariä Verkündigung, David tanzend vor der Bundeslade, die Legende von Kaiser Trajan und der klagenden Witwe (10. Gesang; Abb. 12, 20). Korrespondierend dazu gibt es weitere Reliefs, die Szenen von bestraftem Hochmut zeigen (12. Gesang). An Vollkommenheit und Realismus sind diese Reliefs von göttlicher Hand so unübertrefflich, dass der Betrachter glaubt, die Worte der abgebildeten Personen zu hören. Es ist ein erhabener Wettstreit zwischen Wort und Bild, eine herrliche Ekphrasis, die kaum einen Illustrator der *Göttlichen Komödie* unbeeindruckt gelassen hat. Daher ist es kaum verwunderlich, dass William Blake zwei der 20 Zeichnungen zum *Purgatorio* diesen Marmorreliefs gewidmet hat (Taf. 83, 84).

Auf dem Gipfel des Läuterungsberges liegt das irdische Paradies, an dessen Schwelle Vergil sich verabschiedet und Dante in der Gesellschaft von Statius zurücklässt, einem heidnischen Dichter, dem das Privileg der Erlösung zuteil wurde (27. Gesang). Hier begegnet Dante der jungen Matelda (28. Gesang) und wird Zeuge einer einzigartigen symbolischen Prozession (29. Gesang): Zuerst kommen sieben große Kandelaber als Symbol der sieben Gaben des Heiligen Geistes, dann 24 Greise mit den Büchern des Alten Testaments und vier Tiere als Symbole der Evangelisten, und dahinter folgt der von einem Greif gezogene Triumphwagen, Symbol der von Christus geführten Kirche. Um den Wagen tanzen die drei geistlichen und die vier weltlichen Tugenden, dahinter folgen sieben würdige Greise, die die anderen Bücher des Neuen Testaments verkörpern (Apostelbriefe und Apokalypse). Als der Wagen vor Dante anhält, erscheint eine strahlende, aber strenge Beatrice, die ihn von nun an durch die Himmel des irdischen Paradieses begleiten wird

(30. Gesang). Mit dem 33. und letzten Gesang endet Dantes Weg durch das zweite Reich mit einer Strafpredigt gegen die moralische Dekadenz der christlichen Gesellschaft und der Prophezeiung der baldigen Ankunft eines Gottesboten, „ein Fünfhundertzehn-und-Fünf, von Gott gesandt" (*Purgatorio* XXXIII, 43–44); vielleicht ist damit Heinrich VII. gemeint, womit die Ankündigung des Veltro aus dem 1. Gesang (*Inferno* I, 100–111) wiederaufgenommen und an die politische Situation angepasst wird. Nachdem er vom Wasser des Eunoè getrunken hat – ein weiterer Fluss des Eden ist der Lethe, in den Matelda Dante getaucht hat, damit er seine Sünden vergisst (*Purgatorio* XXXI) –, ist Dante nun, am Mittag des Donnerstags nach Ostern, bereit, ins Paradies einzutreten, wo er bis Mitternacht desselben Tages verweilen wird.

Zu Beginn der dritten *Cantica* ruft der Autor erneut Apoll, den Gott der Poesie, an, ihm bei dem letzten gewagten Unterfangen beizustehen: dem Bericht über das Paradies, das Empyreum und den Anblick Gottes. Das Paradies besteht bei Dante aus neun transparenten Ringen (Sphären), die nach den Gesetzen der ptolemäischen Kosmologie um die Erde kreisen (Abb. S. 456). Die ersten sieben werden von einem Gestirn beleuchtet (Mond, Merkur, Venus, Sonne, Mars, Jupiter, Saturn), der achte von einer Sternenmyriade (Fixsterne) und der neunte von einem diffusen Licht. Durch schwindelerregende Rotation erzeugt der neunte Kreis, als *primum mobile* bezeichnet, eine Bewegungsenergie, die auch die anderen Sphären antreibt. Jede der neun Himmelssphären wird von einer speziellen Engelsriege gesteuert, und darüber erhebt sich das Empyreum, ein Himmel jenseits von Zeit und Raum, Sitz Gottes und der Seligen. Kreisförmig angeordnet wie Blütenblätter bilden die Seelen im Empyreum eine immense weiße Rose *(candida rosa)*, doch um den Wanderer mit diesem komplexen, für den menschlichen Geist vollkommen neuen Anblick nicht zu überfordern, treten sie ihm in diversen Sphären gegenüber. Am Himmel erscheint jede Seele unter der Kontrolle des Planeten, der ihr Verhalten zu Lebzeiten am stärksten beeinflusst hat. Nur Beatrice zeigt sich Dante in menschlicher Gestalt, alle anderen erscheinen als leuchtende Punkte, angeordnet zu symbolträchtigen Figuren wie Kränze, Kreuz, Buchstaben, Adler, Treppe.

Licht und Farbe, Musik und Gesang beherrschen Dantes Paradies. Um dies angemessen darzustellen, wählt er einen hochpoetischen Ton und eine kluge Rhetorik, die die Schwierigkeit, das Unsagbare zu sagen, in ein machtvolles Ausdrucksmittel verwandeln. Heikle theologische Fragen und christliche Dogmen werden hier zum Stoff höchster Poesie. Auch wenn das Gedächtnis nicht aufzunehmen vermag, was der Intellekt wie durch ein Wunder erfasst hat, so kann der Dichter doch beim Leser Empfindungen und Gefühle auslösen, die weit über die normale menschliche Wahrnehmung hinausgehen. Dante gelingt es, paradiesische Erfahrungen zu schildern, Grundfragen aufzuwerfen und darauf komplexe theologische Antworten zu geben, indem er sich auf die gängige Kenntnis von Naturphänomenen oder auch auf absolutes Alltagswissen beruft, jene erhellenden *comparationes domesticae*, von denen Benvenuto da Imola (um 1338–1387/88), einer der hellsichtigsten frühen Dante-Kommentatoren, 1375 in seinen Vorlesungen an der Universität Bologna spricht.[17]

Das *Paradiso* schließt mit einem poetischen Höhepunkt, dem wunderschönen 33. Gesang: hier betet der heilige Bernhard zu Maria, damit sie Dante die Gnade des Anblicks Gottes gewährt. Diese Erfahrung ist so unvergleichlich, dass sie sich der menschlichen Sprache und selbst der erhabensten Poesie entzieht und nur in schwachen Andeutungen erzählt werden kann. Augenblicklich entschwindet sie dem Gedächtnis wie Schnee, der in der Sonne schmilzt. Zurück bleibt nur eine unsagbare Süße, ähnlich dem Gefühl, das man empfindet, wenn man beim Aufwachen weiß, dass man geträumt hat, sich aber nicht mehr erinnern kann: „Von hier an war mein Sehen mächtiger als unser Sprechen, das vor solchem Anblick versagt, und es versagt auch das Gedächtnis vor so viel Übermaß. / Wie einem, der träumend etwas sieht, wovon ihm beim Erwachen nur mehr die Erregung bleibt, das übrige aber nicht mehr wiederkehrt, / so geht es mir, denn meine Vision hat sich nahezu aufgelöst, aber noch spüre ich im Herzen einen Tropfen des Entzückens, das sie mir bereitete. / So löst der Schnee sein Siegel in der Sonne; so verlor sich im Wind der Spruch der Sibylle auf den Blättern" (*Paradiso* XXXIII, 55–66).

Als Text, der die italienische Literatur begründet hat, war die *Divina Commedia* jahrhundertelang Gegenstand einer exegetischen Tradition, aus der zahllose Kommentare, Auslegungen und eine spezielle Art der Textanalyse hervorgingen, die sogenannte *Lectura Dantis*. Eingeläutet von Boccaccio im Oktober 1373 in Florenz, wurde diese Tradition dann in diversen Formen über die Jahrhunderte fortgesetzt und ist noch heute in Form von Lesungen und Interpretationen einzelner Gesänge lebendig. Gleichzeitig war die *Divina Commedia* jedoch von Anfang an auch Gegenstand figurativer Darstellungen, die schon bei den ersten gedruckten Ausgaben Verwendung fanden, wie in der 1481 bei Niccolò di Lorenzo della Magna erschienenen Ausgabe, die mit einem Kommentar von Cristoforo Landino (1424–1498) versehen und mit Stichen illustriert war, die vermutlich nach Zeichnungen von Sandro Botticelli (1445–1510) entstanden. In diesem Dialog von Wort und Bild werden die wichtigsten Ereignisse und Schauplätze des Textes aufgegriffen und zu einer sensiblen künstlerischen Auslegung verdichtet, die ihrerseits Aufschluss gibt über den bildenden Künstler und seine Zeit.[18] In dieser künstlerischen Tradition bilden die Illustrationen von William Blake eine höchst individuelle, qualitativ hochstehende Etappe, wie auch in der *Enciclopedia Dantesca* betont wird: „Dieser Zyklus von bildlich-figurativen Interpretationen der *Commedia,* der von einer eingehenden, freien und kritischen Lektüre zeugt, markiert den Höhepunkt der Dante-Illustrationen der Neuzeit, vor allem aufgrund der hohen Bildqualität, die sich durch kreativen Einfallsreichtum, Eleganz der Zeichnung und ein Licht- und Farbempfinden auszeichnet, die man sonst bei keinem anderen modernen Künstler findet."[19]

Tatsächlich war die *Divina Commedia* wie kein anderes Werk dazu prädestiniert, einen visionären Geist wie William Blake tief zu beeindrucken: wegen ihrer politischen und moralischen Ansprüche, der allegorischen und symbolischen Dimension, der Anschaulichkeit der Dante'schen Vorstellungswelt. Als Archetypus eines visionären Kunstwerks in Versen und Vulgärsprache erregte die *Divina Commedia* bei Blake ein solches Interesse, dass er, als der Maler John Linnell (1792–1882) ihn 1824 um eine Illustrierung bat, mit fast 70 Jahren beschloss, Italienisch zu lernen, um den Text im Original lesen zu können, obwohl damals bereits vollständige Übersetzungen vorlagen: von Henry Boyd (1802) und von Henry Francis Cary, 1797 begonnen und 1812 beendet. Blakes Interesse lag im Trend des wachsenden Erfolgs, dessen Dante sich in der zweiten Hälfte des 18. und Anfang des 19. Jahrhunderts in England erfreute. Gefördert wurde dieses Interesse durch in England lebende Italiener wie den Schriftsteller Giuseppe Baretti (1719–1789), der die italienische

ABB. 17
Michelangelo, **Charon**, Detail aus dem *Jüngsten Gericht*, 1536–1541
Fresko, 17 x 15,5 m. *Rom, Vatikanstadt, Sixtinische Kapelle*

ABB. 18 *(Seite 34–35)*
Michelangelo, **Minos und die Verdammten**, Detail aus dem *Jüngsten Gericht*, 1536–1541
Fresko, 17 x 15,5 m. *Rom, Vatikanstadt, Sixtinische Kapelle*

Oper in London leitete und später Sekretär der Royal Academy of Arts wurde. Baretti bezeichnete Dante als Vater der toskanischen Sprache und Dichtung und nahm ihn in seiner 1753 in London publizierten *Dissertation upon the Italian Poetry, in which are interspersed some Remarks on Mr. Voltaire's Essay on the Epic Poets* gegen Voltaire in Schutz.[20]

Großen Anteil an Dantes Erfolg in England hatte auch der Dichter und Intellektuelle Ugo Foscolo (1778–1827), ein begeisterter Anhänger und Förderer der italienischen Literatur, der nach einem Aufenthalt in Zürich 1816 nach England ins Exil ging und dort bis zu seinem Tod lebte.[21] Auch wenn es keinen direkten Briefwechsel zwischen Blake und Foscolo gab, so verkehrten die beiden Dichter doch in denselben Kreisen der gebildeten englischen Aristokratie und hatten mehrere gemeinsame Freunde, wie aus der Korrespondenz von Zeitgenossen hervorgeht. So war z. B. die Schriftstellerin Caroline Lamb (1785–1828) mit beiden befreundet, und es gibt Hinweise darauf, dass man die beiden miteinander in Kontakt bringen wollte.[22] Auf jeden Fall wurde Foscolo in diesem Ambiente als Schriftsteller sehr geschätzt, hatte großen Einfluss und wurde von Lord Henry Holland (1773–1840), einem führenden Vertreter der Whigs-Partei, in seinem Salon in Kensington als Ehrengast empfangen.[23] Schon 1818 hatte Foscolo in zwei Rezensionen neuerer Publikationen, die in der *Edinburgh Review* erschienen, historisch wie theoretisch äußerst hellsichtige Thesen über Dante formuliert. Der erste Artikel vom Februar 1818 unterstrich die grundlegende Bedeutung von Dantes Werk: „es ist im Zeitalter Dantes, und vor allem durch die Wirkung seines Genies begründet, dass wir den Beginn der Literaturgeschichte Europas ansetzen".[24] Außerdem zog er darin eine Parallele zwischen den beiden Nationalschriftstellern Dante und Shakespeare, was der Aufmerksamkeit der englischen Leserschaft nicht entgehen konnte. Im letzten Teil, der zwar unter Foscolos Namen erschien, vermutlich jedoch von Samuel Rogers (1763–1855) stammte,[25] setzte sich der Artikel mit der englischen Übersetzung von Cary, *The Vision of Dante*, aus dem Jahre 1814 auseinander, die – wenn auch mit Einschränkungen – grundsätzlich positiv bewertet wurde.

1825, also genau zu der Zeit, als Blake fieberhaft an den Illustrationen zur *Divina Commedia* arbeitete, kam bei Pickering in London Foscolos *Discorso sul testo [...] della Commedia* heraus. Dabei handelte es sich um den ersten Teil einer *Commedia di Dante Alighieri illustrata da Ugo Foscolo*, die unvollendet blieb und erst 1842/43 erschien, allerdings mit substanziellen Ergänzungen

ABB. 19
Michelangelo, **Pietà für Vittoria Colonna**, um 1540
Schwarze Kreide, 29,5 x 19,3 cm. *Boston, Isabella Stewart Gardner Museum*

von Giuseppe Mazzini (1805–1872), der später ebenfalls in London im Exil lebte. Foscolo stellt hier das Visionäre der *Divina Commedia* heraus, betont die Bibelbezüge, interpretiert sie als Aufruf zur moralischen und sittlichen Erneuerung und legt damit auch eine politische Interpretation des Textes vor.[26] Dante wird zur dichterischen Heldengestalt, die den Geist eines ganzen Volkes und der gesamten europäischen Zivilisation verkörpert, für die er zugleich einen der wichtigsten Wegbereiter abgibt: „Dantes *Commedia* ist mit dem Vaterland, der Religion, der Philosophie, den Leidenschaften und dem Charakter ihres Verfassers eng verwoben; mit Vergangenheit, Gegenwart und Zukunft seiner Zeit; und mit dieser europäischen Kultur, die mit Dante, wenn nicht durch ihn, geschaffen wurde, sehen wir, durch tausend Schriftsteller weitergegeben, die Fortschritte von Generation zu Generation".[27] Das war ein Aufruf zu einer gemeinsamen europäischen Kultur, der die Menschen im postnapoleonischen Europa, gerade angesichts der tragischen Verwerfungen der jüngsten Geschichte, nicht unbeeindruckt lassen konnte.

ABB. 20
Federico Zuccari, Dante und Vergil bewundern die marmornen Reliefs mit den Darstellungen von Verkündigung, David vor der Bundeslade und der Demut Trajans, 1585–1588
Stift, Feder und Rötel, 43 x 58 cm. *Florenz, Galleria degli Uffizi, Gabinetto dei Disegni e delle Stampe*

ABB. 21 *(Seite 38–39)*
Federico Zuccari, Das Höllentor, 1585–1588
Stift, Feder und Rötel, 43 x 58 cm. *Florenz, Galleria degli Uffizi, Gabinetto dei Disegni e delle Stampe*

PER ME SI VA' NE LA CI[TTÀ]
PER ME SI VA' NEL[LE]
PER ME SI VA' TRA[]
GIVSTITIA MOSSE '[]
FECEMI LA 'DIVIN[A]
LA SOMMA SAPIEN[]
DINANZ 'A ME NON F[V]
SE NON ETERNE;
LASSAT' OGNI SPE[]

LI SCIAVRATI, CHE
CHE VISSER SANZ[A]

Zwei Meister des „visibile parlare": Dante und Blake

SEBASTIAN SCHÜTZE

"... highly esteemed by those, who can distinguish excellence under the disguise of singularity."
— BENJAMIN HEATH MALKIN, 1806

Dante und die Bilder

Mit seiner *Divina Commedia* verbindet Dante selbstbewusst das Ziel, Homers *Odyssee* und Vergils *Aeneis* fortzuschreiben und dabei antike und christliche Welt miteinander zu versöhnen. Durch die Universalität des Weltentwurfes, durch den Reichtum der poetischen Erfindungen und die Kühnheit der Sprache behauptet die *Commedia* seit nun bald sieben Jahrhunderten ihre Aktualität. Dantes Arbeit am Mythos ist dabei stets an die kritische Reflexion seines dichterischen Tuns geknüpft. Immer wieder ruft er Apoll und die Musen um Beistand an und thematisiert seine eigene Sprachlosigkeit, wenn die Intensität des Gesehenen die Möglichkeiten des Dichters zu übersteigen droht.

Dantes Sprache lebt von der Kraft seiner Bilder, von der Fähigkeit, Evidenz herzustellen, sodass dem Leser Hölle, Fegefeuer und Paradies plastisch vor Augen treten, das Abstrakte und Fremde plötzlich vertraut erscheinen. Seine poetische Imagination schöpft dabei aus vielen Quellen, verbindet eigene Erfahrungen mit ausgedehnten Lektüren und einem weiten Kosmos von Bildern. So wird die Musterung des bunt gefleckten Schuppenkleides von Geryon, dem Hüter des achten Höllenkreises, mit den Teppichen von Tataren und Türken verglichen (*Inferno* XVII, 16–17), das dicke Eis des Höllensumpfes Kokytos mit der zugefrorenen Donau (*Inferno* XXXII, 25–26), die Steilheit des Aufstieges auf den Läuterungsberg mit der Pietra di Bismantova, einem von schroffen Abhängen umgebenen Felsplateau im nördlichen Apennin (*Purgatorio* IV, 25–27). Die sich in Gegenrichtung aneinander vorbei bewegenden Seelen im achten Höllenkreis erinnern an die endlosen, über die Engelsbrücke ziehenden Pilgerströme des Heiligen Jahres 1300 (*Inferno* XVIII, 23–33), der Kopf des Giganten Nimrod ist so gewaltig wie der berühmte bronzene Pinienzapfen im Vorhof der Vatikanischen Basilika (*Inferno* XXXI, 58–59).

Architektur und bildende Kunst sind für Dante zentrale Referenzpunkte. Er erwähnt zuweilen antike Werke, vor allem aber sind ihm die großen zeitgenössischen Künstler Italiens vertraut. Berühmt sind die Passagen des *Purgatorio*. Im 10. Gesang werden den Hochmütigen historische Exempla von Demut in Gestalt marmorner Historienreliefs vorgeführt, deren Schönheit nicht nur Polyklet, sondern selbst die Natur mit Neid erfüllt hätten (*Purgatorio* X, 31–33). Dante beschreibt die Reliefs mit der Verkündigung an Maria, mit David vor der Bundeslade und der sogenannten Demut Trajans ausführlich. Er feiert die sprechende Qualität der Bilder und betont, dass er sie auch wegen ihres großartigen Schöpfers bewundere. Im 11. Gesang thematisiert Dante die Vergänglichkeit des irdischen Ruhmes mit Hinweis auf den Miniaturmaler Oderisi da Gubbio (um 1240–1290), der von seinem jüngeren Kollegen Franco Bolognese (um 1300) übertroffen werde, so wie in der Monumentalmalerei Cimabue (um 1240–um 1302) letztendlich Giotto (1266–1337) den Vorrang habe einräumen müssen (*Purgatorio* XI, 79–96). Im 12. Gesang schließlich ist der Weg der Hochmütigen mit an Grabplatten erinnernden steinernen Reliefs gepflastert. Sie führen 13 Exempla des Hochmutes aus Mythologie und Geschichte vor. Dante hebt besonders den Verismus der Darstellungen hervor und fragt emphatisch, ob ein Maler oder ein Bildhauer jemals Vergleichbares dargestellt habe (*Purgatorio* XII, 22–23, 64–69). Immer wieder stellt er Bezüge zur bildenden Kunst her, vergleicht seine dichterische Arbeit mit der des Malers (*Purgatorio* XXXII, 67–68) oder charakterisiert die den Fluss des Lichtes säumenden Ufer im Empyreum als in wunderbaren Frühlingsfarben gemalt (*Paradiso* XXX, 61–63). Die Schönheit Beatrices scheint ihm alle von der Natur oder der Kunst geschaffenen Schönheiten zu übertreffen (*Paradiso* XXVII, 88–95).

Die Kraft seiner sprachlichen Bilder und die konkrete Bezugnahme auf Werke der bildenden Kunst mussten Künstler in besonderem Maße herausfordern, die *Divina Commedia* in reale Bilder zu übersetzen. Es gibt wohl keinen neuzeitlichen Text, der so häufig illustriert wurde. Allein aus dem 14. und 15. Jahrhundert haben sich mehr als 50 illuminierte Handschriften erhalten. Zu den bedeutendsten zählen der von Giovanni di Paolo (um 1403–1482) und einem unbekannten Sieneser Künstler (zugeschrieben u. a. Lorenzo di Pietro, Priamo della Quercia oder Nicola di Ulisse da Siena) um 1442–1450 illustrierte Codex Yates Thompson Ms. 36 der British Library (Abb. 5, 9) und der von Guglielmo Giraldi (um 1445–1490) um 1480 illustrierte Codex Urb. Lat. 365 der Vatikanischen Bibliothek (Abb. 11, 12, 14). Sandro Botticellis (1445–1510) in den Jahren zwischen 1480 und 1495 ausgeführte, heute im Berliner Kupferstichkabinett und in der Biblioteca Vaticana aufbewahrte Zeichnungen waren für eine nie vollendete Prachthandschrift für Lorenzo di Pierfrancesco de' Medici (1463–1503) bestimmt (Abb. 10, 13). Die 1481 in Florenz gedruckte Ausgabe der *Divina Commedia* mit den berühmten Kommentaren des Cristoforo Landino (1425–1498) sollte mit Holzschnitten Baccio Baldinis (um 1436–1487) nach Entwürfen Botticellis

ABB. 22 *(Seite 40)*
Thomas Philipps, **Portrait von William Blake** (Detail), 1807
Öl auf Leinwand, 91,2 x 72 cm. *London, National Portrait Gallery*

ABB. 23
William Blake, **Songs of Innocence**, London 1789
Titelblatt, handkolorierte Reliefätzung, 12 x 7,1 cm. *London, The British Museum*

illustriert werden. Das Projekt blieb Fragment und steht doch am Beginn der großen illustrierten Ausgaben der folgenden Jahrhunderte, von den Holzschnitten des Giovanni Britto (um 1500– um 1550) bis hin zu den Holzstichen von Gustave Doré (1832–1893) und den Farbtafeln nach Aquarellen von Franz von Bayros (1866–1924).

Darstellungen der *Divina Commedia* sind als Textillustrationen, aber auch in „autonomen" Serien und Einzelbildern produziert worden und spannen den Bogen von illuminierten Handschriften bis zu monumentalen Freskenbildern. Im 14. bis 16. Jahrhundert konzentrieren sich die Dante-Bilder wesentlich auf Italien und besonders auf seine Heimatstadt Florenz, die den im Exil gestorbenen Dichter immer stärker als zentrale Figur ihrer kulturellen Identität inszeniert, exemplarisch in Domenico di Michelinos (1417–1491) großem Dantebild im Florentiner Dom (Abb. 6). Neben Handschriften und illustrierten Editionen kommt vor allem den großen öffentlichen Dante-Bildern zentrale Bedeutung zu, etwa dem monumentalen Höllenbild des Nardo di Cione (gest. um 1366) der Cappella Strozzi in Santa Maria Novella oder Luca Signorellis (1445/53–1523) Ausstattung der Cappella di San Brizio im Dom von Orvieto. Nardo di Cione folgt Dantes Höllenarchitektur bis ins Detail und macht anschaulich, wie stark diese die kollektive Vorstellung der Unterwelt geprägt hat (Abb. 1). In Signorellis Freskenzyklus bilden Dante und die antiken Dichter geradezu das Fundament der darüber dargestellten heilsgeschichtlichen Ereignisse (Abb. 15). Die theologische Wertschätzung Dantes kommt wenig später auch darin zum Ausdruck, dass Raffael (1483–1520) ihn in der Stanza della Segnatura des päpstlichen Palastes gleich zweimal dargestellt hat, unter den antiken Dichtern auf dem *Parnass* (Abb. 16) ebenso wie unter den Theologen der *Disputa*. Der einflussreichste Dante-Interpret des 16. Jahrhunderts ist Michelangelo (1475–1564). Er hat sich Zeit seines Lebens mit der *Divina Commedia* auseinandergesetzt und galt Zeitgenossen geradezu als Dante-Autorität. Am berühmtesten sind seine Dante-Referenzen im *Jüngsten Gericht* der Sixtinischen Kapelle, vor allem die prominente Darstellung des Seelenschiffers Charon und des Höllenwächters Minos (Abb. 17, 18). Welchen Stellenwert die gemeinsame Dante-Verehrung für seine Freundschaft mit Vittoria Colonna hatte, kommt in der berühmten Zeichnung der *Pietà* mit dem Dante-Zitat „Non vi si pensa quanto sangue costa" („Man bedenkt nicht, wie viel Blut es gekostet hat"; *Paradiso* XXIX, 91) zum Ausdruck (Abb. 19). Michelangelo soll nach einer Notiz von Giovanni Gaetano Bottari (1689–1775) sogar ein Exemplar der von Landino besorgten Dante-Ausgabe mit Randzeichnungen versehen haben, das sich im 18. Jahrhundert im Besitz des Bildhauers Antonio Montauti (1685–um 1740) befand und bei einer Havarie verloren ging. Einen letzten Höhepunkt im 16. Jahrhundert bilden dann die heute in den Florentiner Uffizien aufbewahrten Dante-Zeichnungen von Federico Zuccari (1542–1609). Sie sind 1585–1588 während seines Aufenthaltes am Hof Philipps II. (1527–1598) in Spanien entstanden. Die intensive Auseinandersetzung mit der dichterischen Vorlage kommt schon darin zum Ausdruck, dass Zuccari im Verlauf der Arbeit immer längere Textpassagen in seine Zeichnungen integrierte, also auf einen unmittelbaren Dialog von Bildern und Texten zielte (Abb. 20, 21).

Im Barock hat Dante keine große Konjunktur, erst im späteren 18. und dann vor allem im 19. und 20. Jahrhundert wird er geradezu zu einer Identifikationsfigur des modernen Künstlers. Schlüsselwerke wie Géricaults (1791–1824) *Floß der Medusa* von 1819, Delacroix' (1798–1863) *Dante-Barke* von 1822 (Abb. 34), William Adolphe Bouguereaus (1825–1905) *Dante und Vergil in der Hölle* von 1850 (Abb. 33), Jean-Baptiste Carpeaux' (1827–1875) *Ugolino* von 1857–1861 (Abb. 37) und Rodins (1840–1917) *Höllentor* von 1880–1917 (Abb. 38) beziehen sich programmatisch

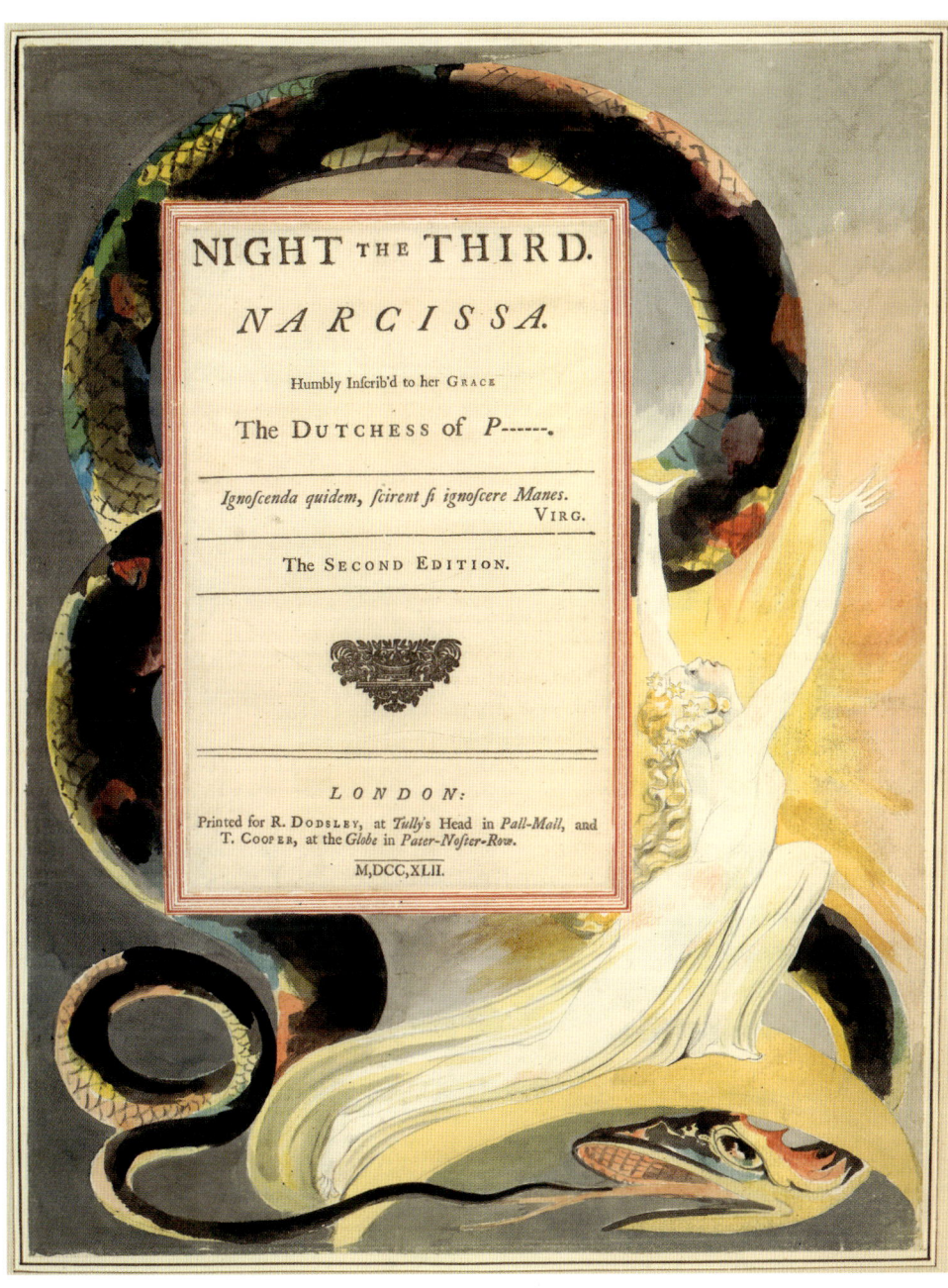

The Fire of God is · fallen from Heaven · 3

And the Lord said unto Satan Behold All that he hath is in thy Power

Thy Sons & thy Daughters were eating & drinking Wine in their
eldest Brothers house & behold there came a great wind from the Wildernefs
& smote upon the four faces of the house & it fell upon the young Men & they are Dead

W Blake inven & sculp

London, Published as the Act directs March 8. 1825 by Will: Blake N°3 Fountain Court Strand

Proof

Abb. 25
William Blake, **The Fire of God is fallen from Heaven**
Aus: *The Book of Job*, London 1826, Tafel 4
Kupferstich, 21,9 x 17 cm. *London, The British Museum*

auf Dante und seinen größten Interpreten Michelangelo, um damit den eigenen künstlerischen Anspruch und die Höhe des Diskursniveaus anzuzeigen. Bis heute prägen die umfangreichen Dante-Illustrationen von John Flaxman (1755–1826) und Gustave Doré unser Bild der *Divina Commedia*. Flaxmans Umrisszeichnungen sind 1793 im Auftrag von Thomas Hope (1769–1831) entstanden und wurden, von Tommaso Piroli (1750–1824) gestochen, in zahllosen Editionen in ganz Europa verbreitet (Abb. 32). Dorés Holzstiche, eine Technik, die Holzschnitt und Kupferstich verbindet, erschienen erstmals 1861–1868 und dürfen als die am häufigsten reproduzierten Illustrationen überhaupt gelten (Abb. 35, 36).

Blake als Prophet der Moderne

Der sozialrevolutionäre Utopist, esoterische Mystiker und visionäre Prophet William Blake (1757–1827) gehört als Dichter und Grafiker zu den großen Figuren der englischen Kunst um 1800 (Abb. 22). Von seinen Künstlerfreunden Johann Heinrich Füssli (1741–1825) und John Flaxman hoch geschätzt und in seiner zukunftweisenden Modernität erkannt, galt er den meisten seiner Zeitgenossen eher als exzentrische Randfigur. In einem Brief vom 25. Oktober 1833 beschreibt ihn der Schriftsteller Edward FitzGerald (1809–1883) als „a genius with a screw loose",[1] der auf schmalem Grat zwischen Genie und Wahnsinn wandele. Wie für einen echten Avantgarde-Künstler zu erwarten, sollte sein Nachruhm die bescheidenen Erfolge zu Lebzeiten bei Weitem übersteigen. Blake hat seine Kunst als radikalen Gegenentwurf zu Rationalität und Vernunft der Aufklärung verstanden und ist mit seiner Suche nach dem Imaginären, Übernatürlichen und Mystischen, mit seinen visionären Erkundungen von Subjektivität, Eros und Psyche, von Träumen und Albträumen zur Identifikationsfigur für Romantiker und Präraffaeliten, für Symbolisten und Surrealisten bis hin zu zeitgenössischen Bewegungen wie New Age und Gothic geworden.

1757 in London geboren, erhielt Blake seine Ausbildung bei dem Kupferstecher James Basire (1730–1802). Ab 1779 setzte er seine Ausbildung an der Royal Academy fort und verdiente seinen Lebensunterhalt vor allem durch Reproduktionsgrafiken und Buchillustrationen. Auf Betreiben von Flaxman gelangten 1783 Blakes *Poetical Sketches*, eine Sammlung seiner frühen Dichtungen, zum Druck. Zu den wichtigsten Illustrationsfolgen gehören Blakes 537 Zeichnungen zu Edward

ABB. 26
William Blake, **When the morning Stars sang together, & all the Sons of God shouted for joy**
Aus: *The Book of Job*, London 1826, Tafel 15
Kupferstich, 20,7 x 16,5 cm. *London, The British Museum*

Youngs (1683–1765) *Night Thoughts* (Abb. 24), von denen allerdings nur ein kleiner Teil 1797 im Druck erschien, sowie die Zeichnungen zu Thomas Grays (1716–1771) *Poems* und Robert Blairs (1699–1746) *The Grave*. Ab 1788 publizierte Blake in rascher Folge seine später berühmten illustrierten Bücher, beginnend mit *There is No Natural Religion* von 1788 und den *Songs of Innocence* von 1789 (Abb. 23) bis hin zu *Jerusalem. The Emanation of The Giant Albion* von 1804–1820 (Abb. 28). Die Bücher sind in kleinsten Auflagen als Reliefätzungen hergestellt. Blake experimentierte fortwährend mit neuen Drucktechniken, und nach eigenem Zeugnis hatte ihm 1787 sein früh verstorbener Bruder Robert im Zuge einer Vision die Technik des „illuminated printing" offenbart. Die Reliefätzung ermöglichte es, Bilder und Texte organisch zu verbinden und gemeinsam von einer Platte zu drucken. Diese z. T. in Farbe gedruckten Bild-Text-Kunstwerke wurden zusätzlich handkoloriert, die gedruckten Bücher gleichsam mit der Aura des Manuskriptes versehen.

In seinen prophetischen Büchern entwickelte William Blake zugleich eine eigene, aus nordischen Mythen ebenso wie etwa aus den Schriften von Jakob Böhme (1575–1624) und Emanuel Swedenborg (1688–1772) geschöpfte Mythologie. Im Zentrum dieses hermetischen Weltentwurfes stehen Albion (Abb. 27), der Stammvater des Menschengeschlechtes und mythische Gründer Britanniens, und die Lehre von den vier Zoah, den grundlegenden Aspekten des menschlichen Wesens: Körper (Tharmas), Verstand (Urizen), Gefühle (Luvah) und Imagination (Urthona). Die in ihrer Verschränkung von Bildern und Texten wegweisenden Gesamtkunstwerke wurden von einer kleinen Gruppe von Sammlern wie Thomas Butts, Thomas Joseph oder Henry Crabb Robinson hoch geschätzt. Blakes Ambitionen als bedeutender Historienmaler dagegen blieben uneingelöst, seine große Ausstellung im Jahre 1809 fand kaum Beachtung, ein Schlüsselwerk wie die *Ancient Britons* ging schon bald verloren. Der einzige Rezensent, Robert Hunt, formulierte am 17. September 1809 im *Examiner* ein vernichtendes Urteil: „Diese [Werke] nennt er eine Ausstellung, zu der er einen Katalog publiziert hat, oder vielmehr eine Mischung von Unsinn, Unverständlichkeit und unerhörten Eitelkeiten, die wilden Ausflüsse eines wirren Geistes."[2]

ABB. 27
William Blake, **Glad Day or The Dance of Albion**, 1794–1796
Kolorierter Stich mit Ergänzungen in Feder und Aquarell, 27,2 x 20 cm
London, The British Museum

Abb. 28
William Blake, **Jerusalem. The Emanation of The Giant Albion**, 1804–1820
Titelblatt, handkolorierte Reliefätzung, 22,2 x 16 cm
New Haven, Yale Center for British Art, Paul Mellon Collection

Abb. 29
William Blake, **Richard III. und die Geister**, um 1806
Feder, grau laviert und Aquarell, 30,6 x 19 cm. *London, The British Museum*

—50—

Die Dante-Zeichnungen

In den letzten Jahrzehnten seines Lebens, zusehends isoliert und in beengten finanziellen Umständen lebend, war Blake gleichwohl von einer Gruppe junger Künstler umgeben, die ihn als Propheten einer neuen Kunst verehrten. Zu diesen *Ancients* gehörten Samuel Palmer (1805–1881), Frederick Tatham (1805–1878), George Richmond (1809–1896), Allan Cunningham (1784–1842) und auch der erfolgreiche Landschaftsmaler John Linnell (1792–1882). Dieser bemühte sich unermüdlich, Käufer für Blakes Buchkunstwerke zu finden, und gab ihm 21 Kupferstiche nach dem Buch Hiob in Auftrag, um ihm so wenigstens bescheidene, regelmäßige Einkünfte zu sichern (Abb. 25, 26). Noch während der Druckvorbereitung des 1825 datierten, aber tatsächlich erst 1826 erschienenen *Book of Job* beauftragte ihn Linnell, Illustrationen für Dantes *Divina Commedia* anzufertigen. In den Jahren 1824–1827 führte Blake dafür 102 Zeichnungen aus, von denen sieben in noch unvollendete Linienstiche übertragen wurden (Abb. S. 436–451).

Ohne selbst je in Italien gewesen zu sein, war Blake mit dem Werk des toskanischen Dichters früh vertraut, nicht zuletzt durch die intensive Vermittlung seiner Künstlerfreunde Füssli und Flaxman. Dante wurde in England tatsächlich erst in den letzten Jahrzehnten des 18. Jahrhunderts „entdeckt" und zu einem entscheidenden Katalysator „gotischer" Kunstbestrebungen in Literatur und bildender Kunst. Eine wichtige Wegmarke bezeichnet die Ausstellung von Joshua Reynolds' (1723–1792) berühmtem *Ugolino* in der Royal Academy im Jahre 1773. Vor allem Füssli hat sich während seines Italienaufenthaltes in den Jahren 1770–1778 intensiv mit Dante beschäftigt und dort, wie später in England, immer wieder in Zeichnungen und Gemälden das visionäre Potenzial der *Divina Commedia* ausgelotet (Abb. 31).

Flaxman reiste in den Jahren 1787–1794 nach Italien. Seine in ganz Europa bewunderten Umrisszeichnungen haben nicht nur den homerischen Epen, sondern auch Dantes *Commedia* eine breite Rezeption beschert (Abb. 32). Der ersten, in Rom 1794 erschienenen Edition sollten zahlreiche weitere in ganz Europa folgen. Bereits aus den frühen 1780er Jahren stammt eine Zeichnung Blakes *Ugolino und seine Söhne im Gefängnis* (London, The British Museum), deren Komposition er in dem entsprechenden Blatt der späten Dante-Zeichnungen (Taf. 71) dann fast wörtlich wiederaufnehmen sollte. Für die Bibliothek von William Hayley (1745–1820) fertigte Blake in den Jahren 1800–1805 ein Dante-Bildnis an (Abb. S. 2). Zu diesem Zeitpunkt besaß er auch bereits die englische Übersetzung des *Inferno* von Henry Boyd (gest. 1832) und kommentierte die beiden darin enthaltenen Essays.

Erst 1824 jedoch, durch den Auftrag Linnells, wurde eine systematische Lektüre und intensive künstlerische Auseinandersetzung ausgelöst. Blake benutzte die 1819 in zweiter Auflage publizierte komplette englische Übersetzung der *Commedia* von Henry Francis Cary (1772–1844) mit dem bezeichnenden Titel *The Vision: or, Hell, Purgatory and Paradise, of Dante Alighieri.* Zeitgenossen bezeugen, dass sich der bald siebzigjährige Blake zugleich in kürzester Zeit des Italienischen bemächtigte, um Dante auch im Original zu lesen, und sich dabei einer nicht genau identifizierten, zuerst 1564 von den Gebrüdern Sessa in Venedig publizierten italienischen Ausgabe mit den Kommentaren des Alessandro Vellutello bediente. Mit den Propheten des Alten Testamentes, mit Homer, Shakespeare (1564–1616) und Milton (1608–1674) galt ihm Dante als höchste Verkörperung des „poetic genius". In seinen letzten Lebensjahren trafen die wenigen Besucher Blake in seiner Wohnung 3 Fountain Court an der Strand meist im Bett sitzend an, „wie einen antiken Patriarchen oder einen sterbenden Michelangelo",[3] bei der intensiven

Arbeit an den Dante-Zeichnungen. Die Verse der *Commedia* stets vor Augen, füllte er Seite um Seite eines großen, gebundenen Portfolios mit Kent-Papier im Format von 53 x 37 cm. Dabei zielte er in keiner Weise auf eine gleichmäßige Berücksichtigung aller Textpartien oder gar eine systematische Illustration jedes Gesangs. 72 Blätter sind dem *Inferno*, 20 dem *Purgatorio* und 10 dem *Paradiso* gewidmet. Wie viele andere Künstler haben Blake besonders die im *Inferno* geschilderten Höllenqualen gefesselt. Die Blätter folgen hier in dichter Reihe, häufig sind drei, vier oder sogar fünf Blätter einem Gesang gewidmet, während diese im *Purgatorio* und mehr noch im *Paradiso* auf wenige Gesänge konzentriert sind. Da Blake mitten in der Arbeit verstarb, ist schwer zu beurteilen, ob er im weiteren Verlauf diese Gewichtung noch stärker austariert hätte. Wahrscheinlich ist, dass Linnell gar kein konkretes Publikationsprojekt vor Augen hatte, bei dem idealerweise jeder Gesang mit mindestens einer Zeichnung bedacht worden wäre, sondern den Auftrag vor allem als Möglichkeit verstand, Blake zu unterstützen und seine ungebrochene Schaffenskraft durch ein kongeniales Thema herauszufordern. Dafür spricht auch die sehr sporadische Umsetzung der Zeichnungen in den Linienstich, zumal kaum zu erwarten stand, dass Blake noch die Kraft finden würde, eine so bedeutende Anzahl großformatiger Platten selbst zu bearbeiten.

Die einzelnen Zeichnungen befinden sich in sehr unterschiedlichen Stadien der Vollendung. Nur 11 Blätter sind signiert und damit vom Künstler gleichsam als gültig ausgewiesen, wobei andere einen durchaus ähnlichen Vollendungsgrad zeigen. Obwohl die signierten Blätter alle dem *Inferno* entstammen, ist Blake bei der Bearbeitung keineswegs systematisch am Text entlang vorgegangen. So gibt es auch im *Inferno* nur skizzenhaft angelegte Blätter, während für *Purgatorio* und *Paradiso* gleichzeitig einige voll ausgeführte Blätter vorliegen. Vielmehr ist der Künstler anscheinend, seinen Lektüren, Stimmungen und Vorlieben folgend, vor- und zurückgesprungen, hat sich phasenweise auf bestimmte Themen konzentriert und ist dann später wieder zu diesen zurückgekehrt. In vier Fällen hat er bei einem Thema ganz neu angesetzt und auf einem weiteren Blatt eine alternative Komposition entworfen (Taf. 7, 8, Taf. 12, 13, Taf. 27, 28, Taf. 47, 48).

Der Grad der Ausführung reicht von skizzenhaft angelegten bis zu voll ausgeführten Blättern und ermöglicht so einen umfassenden Einblick in die Arbeitsweise des Künstlers. Im Wesentlichen lassen sich drei Phasen des Entwurfsprozesses unterscheiden. Mit dem Bleistift, manchmal auch mit etwas Kreide, werden zunächst der kompositorische Aufbau und die zentralen Aspekte der Narration herausgearbeitet, dabei energisch Korrekturen angebracht und Alternativen ausgelotet. In einem nächsten Arbeitsschritt erfolgt die virtuos und ungemein differenziert ausgeführte Kolorierung. Lyrisch und expressiv, buntfarbig und monochrom, weich fließend und kraftvoll akzentuierend werden die Figuren modelliert, zentrale Aspekte von Komposition und Bilderzählung, aber auch Lichtregie und atmosphärische Qualitäten herausgearbeitet. In vielen Arbeitsgängen sind über die meist schon getrocknete Farbe immer neue Schichten gelegt, sodass insgesamt eine sehr transparente Tiefenwirkung entsteht. In einem letzten Schritt greift der Künstler dann noch einmal mit der Feder ein, markiert die Konturlinien der Protagonisten oder betont die Struktur eines Landschaftsgrundes. Anschaulich kommt darin Blakes Auffassung des Verhältnisses von *disegno* und *colore* zum Ausdruck: „alles hängt von Form oder Umriss ab [...] wo das verkehrt ist, kann die Kolorierung niemals stimmen."[4] In der souveränen Beherrschung der technischen Mittel gelingt es Blake, die ganze Breite existenzieller Erfahrungen von den dunklen Höllenqualen bis zur lichtstrahlenden Glückseligkeit des Paradieses auszuschöpfen.

Nähe und Distanz

Blake hat Dante als Dichter unein-
geschränkt bewundert und sich zugleich
von seinen politischen und theologischen Vorstellungen und von seiner
Antikenverehrung radikal distanziert.
Er sah in Dante einen allzu hörigen
Gefolgsmann des Kaisers und hielt sein
auf die Dialektik von Bestrafung und
Vergebung gegründetes katholisches
Weltbild für Verblendung. Henry Crabb
Robinson (1775–1867) gegenüber bezeichnete er Dante als „einen bloßen Politiker
und Atheisten, der um die Geschäfte
dieser Welt bemüht ist".[5] Die bewunderten Leistungen der griechischen und
römischen Antike galten ihm nicht als
originelle Schöpfungen, sondern als
Nachahmungen von verlorenen Werken
der „asiatischen Patriarchen".[6] Nur diese
verlorenen Zeugnisse der jüdischen Kultur

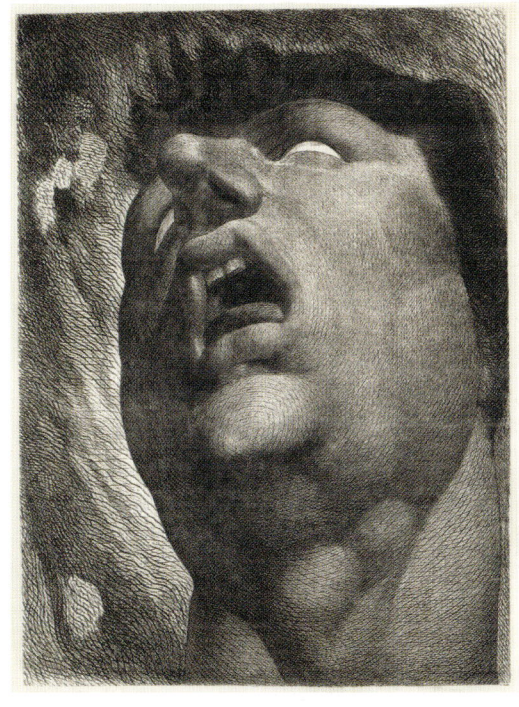

waren für Blake auf Imagination und Inspiration gegründet, während die griechischen und römi-
schen Werke ihm als Töchter der Mnemosyne, also der Göttin der Erinnerung galten. Solche
Kritik kommt auch in den Dante-Zeichnungen an einigen Stellen deutlich zum Ausdruck.
In der Zeichnung zu *Inferno* II, 52–72 (Taf. 2) thront etwa über dem Eingang zur Hölle ein
bärtiger Alter, den die Beischrift als „The Angry God of this World" („Der zornige Gott dieser
Welt") identifiziert. Ihm hat sich eine gekrönte männliche Gestalt zu Füßen geworfen, die ein
Malteserkreuz und Liliensymbole auf dem Gewand trägt und ein Weihrauchfass in der Rechten
hält. Der Eintritt in die Hölle ist hier im Sinne von Blakes privater Mythologie als Eintritt in die
gefallene Welt umgedeutet, die von Urizen beherrscht wird, dem falschen Gott, dem die weltlichen und geistlichen Mächte huldigen. Auf der Zeichnung zu *Inferno* III, 130–136, IV, 79–90
(Taf. 7) steht der Dichterfürst Homer im Zentrum. In den langen, mit Bleistift angebrachten
Notizen distanziert sich Blake entschieden von Dantes Verehrung für die antiken Dichter und
seiner in Blakes Augen materialistischen Weltsicht: „Everything in Dante's Comedia shews That
for Tyrannical Purposes he has made This World the Foundation of All, & the goddess Nature
Mistress; Nature is his Inspirer & not the Holy Ghost. As poor Skakespeare said: Nature, thou

ABB. 30
William Blake nach Johann Heinrich Füssli, **Verdammte Seelen**, 1790–1792
Linienstich, 35 x 26,5 cm. *London, The British Museum*

ABB. 31 *(Seite 54–55)*
Johann Heinrich Füssli, **Die Bestrafung der Diebe**, 1772
Bleistift und Feder mit Tusche laviert, 46 x 61,2 cm. *Kunsthaus Zürich, Grafische Sammlung*

Bolgia de' Serpenti.

ABB. 32
John Flaxman, **Der Betrüger Ciampolo wird von den Teufeln gepeinigt**, 1793
Umrissradierung von Tommaso Piroli
Weimar, Klassik Stiftung Weimar, Herzogin Anna Amalia Bibliothek

art my Goddess" („Alles in Dantes Komödie zeigt, dass er aus tyrannischen Absichten diese Welt zum Fundament von allem gemacht hat und die Göttin Natur zur Mätresse; die Natur ist seine Inspiration und nicht der Heilige Geist. Wie der arme Shakespeare sagte: Natur, du meine Göttin"). In der Zeichnung zu *Inferno* VII, 22–96 (Taf. 15) erscheint im unteren Teil die launische Göttin Fortuna. Während ihr bei Dante die notwendige Aufgabe zukommt, die weltlichen Güter unter den Menschen zu verteilen, notiert Blake seine Ablehnung in drastischen Tönen in der Beischrift: ‚The hole of a Shit-house. The Goddess Fortune is the devil's servant, ready to kiss any one's Arse" („Wie ein Loch vom Scheißhaus küsst Fortuna als Dienerin des Teufels jeden Arsch"). Die Zeichnung zu *Inferno* XI, 1–21 (Taf. 22) schließlich zeigt eine schematische Darstellung der Höllenkreise.

In den Beischriften distanziert sich der Künstler von den religiösen Vorstellungen Dantes. Für ihn standen das Konzept der Hölle und die Bestrafung der Sünder im Widerspruch zur Barmherzigkeit Gottes: „Whatever Book is for Vengeance for Sin & Whatever Book is Against the Forgiveness of Sins is not of the Father, but of Satan the Accuser & Father of Hell" („Jedes Buch, das die Bestrafung der Sünden befürwortet oder sich gegen die Vergebung der Sünden ausspricht, ist nicht von Gottvater inspiriert, sondern vom anklagenden Satan, dem Vater der Hölle"). Paradoxerweise räumt Blake trotzdem in den Dante-Zeichnungen gerade den Höllendarstellungen den größten Raum ein. In anderen Blättern hat Blake Dantes eigene Kritik an Kirche und Klerus noch akzentuiert, so etwa in der Darstellung von *Ugolino berichtet von seinem Tod* (Taf. 70), bei der die Insignien des verräterischen Erzbischofs Ruggieri degli Ubaldini (gest. 1295) farblich hervorgehoben sind, oder in der Darstellung von *Hure und Gigant* (Taf. 92), wo eines der aus dem Triumphwagen hervorwachsenden Ungeheuer eine Tiara trägt.

Betrachtet man die Dante-Zeichnungen insgesamt, so drängt sich Blakes private Mythologie nur in dem oben beschriebenen Blatt mit dem über dem Hölleneingang thronenden Gott Urizen (Taf. 2) in den Vordergrund. Dazu liefert er dann eine textnahe Alternative mit dem Höllentor und der berühmten Inschrift des „Lasciate ogne speranza, voi ch'intrate" (Taf. 4). In einigen anderen Zeichnungen mögen Details auf Blakes hermetische Mythologie verweisen, jedoch ohne mit der dominanten Narration des Dante'schen Textes zu konkurrieren. Radikale Kritik hat Blake in den zitierten Beischriften formuliert, die allerdings im Zuge der weiteren Bearbeitung überdeckt oder ausradiert worden wären. Solch impulsiv hervorbrechender Widerspruch wird spontan notiert, war aber nicht für das Publikum der Zeichnungen bestimmt. Zu Recht ist man daher in der neueren Forschung[7] davon abgerückt, Blakes private Mythologie in den gesamten Dante-Zyklus hineinzulesen, wie dies vor allem Albert S. Roe 1953 getan hat. Tatsächlich bleiben die Zeichnungen insgesamt erstaunlich nah an Dantes Versen. Es geht Blake um die unmittelbare Auseinandersetzung mit dem poetischen Text, darum, sein expressives Potenzial mit bildkünstlerischen Mitteln auszuloten und seine Sprachbilder produktiv zu machen. Auch für die Dante-Zeichnungen mag gelten, was bereits 1830 einer der *Ancients*, Allan Cunningham, mit Blick auf die Illustrationen des *Book of Job* formuliert hat: „In solchen Dingen glänzte Blake; der Bibeltext hielt gleichsam seine Imagination im Zaum, und er war zu andächtig, um den Versuch zu unternehmen, über eine wörtliche Darstellung der grandiosen Szene hinauszugehen. Er folgt Schritt für Schritt der Narration; immer einfach und oft sublim – nie sich vom Thema entfernend oder den Text mit seiner überbordenden Fantasie überladend."[8] Die außerordentliche dichterische Wertschätzung Dantes und die intensive Arbeit am Text scheinen Blakes Visionen auch hier im Zaume gehalten und eine stärkere Überlagerung mit den Vorstellungen seiner privaten Mythologie verhindert zu haben. Noch wenige Wochen vor seinem Tod ließ Blake, in einem Brief vom 25. April 1827, seinen Auftraggeber Linnell wissen: „Ich bin zu sehr mit Dante beschäftigt, um an irgendetwas anderes zu denken."[9]

Refigurationen und Archetypen

Bei der Übersetzung des Textes in Bilder sucht Blake den fruchtbaren Augenblick herauszudestillieren und in der Andeutung des Vorher und Nachher der momenthaften Fixierung des Bildes Elemente sukzessiver Narration einzuschreiben. Häufig setzt er Dantes Beschreibungen wörtlich um, etwa bei der Darstellung der im Wald der Selbstmörder hausenden Harpyien (Taf. 25) oder des den achten Höllenkreis bewachenden Untiers Geryon (Taf. 33), oder er nimmt gezielt die kühnen sprachlichen Bilder Dantes auf, etwa die von einem heftigen Sturm getriebenen Seelen der Wollüstigen (Taf. 10) oder die wie Dunst aufsteigenden Seelen derjenigen, die ihre Sünden erst in der Todesstunde bereuen (Taf. 78).

Die Übersetzung von einem Medium ins andere bereitet immer auch die Bühne für einen Paragone, einen Wettstreit der Künste. Zu den klassischen Strategien dieses Wettstreits gehört es, durch die gesuchte Schwierigkeit des Themas und ihre virtuose Überwindung die Überlegenheit der eigenen Kunst zu behaupten. Im 31. Gesang des *Inferno* beschreibt Dante, wie Antaeus die beiden Höllenwanderer auf dem Eis des Kokytos absetzt, und vergleicht den bis zum Äußersten gespannten Körper des Giganten mit dem vom Sturm gebeugten Mast eines Schiffes, der schon im nächsten Moment zurückschnellen wird. Wie sollte man ein solches sprachliches Bild in eine Zeichnung umsetzen? Gerade das hat Blake offensichtlich gereizt, und so wurde *Antaeus setzt Dante und Vergil auf dem Kokytos, im letzten Kreis der Hölle ab* (Taf. 66) zu einer seiner vielleicht kühnsten Bilderfindungen. Auch die im 25. Gesang des *Inferno* geschilderten, nur schwer ins Bild zu setzenden Metamorphosen der Gotteslästerer stellten eine besondere Herausforderung für Blake dar, zumal Dante selbst genau an dieser Stelle den Wettstreit mit den antiken Metamorphosen von Lukan (39–65 n. Chr.) und Ovid (43 v. Chr.–17 n. Chr.) thematisiert: Er hat ihnen gleich vier Blätter gewidmet (Taf. 54–57). In seiner Schilderung des irdischen Paradieses im 29. Gesang des *Purgatorio* beschreibt Dante minutiös die herannahende Prozession mit dem Triumphwagen Beatrices. Die Flammen des vorangetragenen siebenarmigen Leuchters ziehen Bahnen in den Farben des Regenbogens nach sich, die wie Pinselstriche anmuten. Dieses dichterische Bild konnte Blake nicht unbeantwortet lassen, und es hat sicher dazu beigetragen, dass seine Darstellungen von *Matelda und Dante am Ufer des Lethe mit Beatrice auf dem Triumphwagen* (Taf. 90) und *Beatrice wendet sich vom Triumphwagen an Dante* (Taf. 91) zu den koloristisch eindrucksvollsten Blättern der gesamten Serie gehören.

Blake hat schon sehr früh eine eigene Bildsprache entwickelt. Bestimmte Figurentypen und ein fest gefügtes Repertoire an Mimik und Gestik kehren in immer neuen Variationen wieder. Die zuweilen karikaturhafte Überzeichnung und der theatralische Gestus seiner Figuren sind zweifellos von Theorie und Praxis des zeitgenössischen Theaters inspiriert und zugleich wesentlich von der Kunst des von ihm bewunderten Füssli geprägt (Abb. 29, 30). Alte Männer mit langen Philosophenbärten und heroische Akte kehren in immer neuen Rollen genauso wieder wie ätherische Figuren von jungen Frauen und Männern. Selbst Ungeheuer und Drachen scheinen oft ein und derselben Spezies anzugehören. In den Dante-Zeichnungen erscheinen Dante und Vergil wie Zwillingsbrüder und sind häufig nur durch die Farbe ihres Gewandes, Rot bzw. Blau, zu identifizieren – zwei Seelenverwandte, deren zarte, fast feminin wirkende Gestalten sie als Dichter ausweisen.

Für Blake bildet der menschliche Körper den wesentlichen Ausdrucksträger seiner Kunst. Dabei geht es nicht um individuelle Charaktere, sondern um allgemeingültige Typen, um das, was er selbst in seinem *Descriptive Catalogue* mit Blick auf Geoffrey Chaucers (um 1343–1400) *Canterbury Tales* als „ewige Prinzipien oder Eigenschaften menschlichen Lebens" beschrieben hat: „Daher wird der Leser bemerken, dass Chaucer alle seine Charaktere auf ihre Weise perfekt gestaltet, jeder ist eine antike Statue; das Bild eines Typus und nicht eines unvollkommenen Individuums."[10] Gerade deshalb nimmt Blake häufig Bezug auf große Vorbilder der Kunstgeschichte. Seine Protagonisten sind Interpretationen von Archetypen, die er in den Werken der antiken Skulptur und Vasenmalerei ebenso wie bei den großen Meistern der Renaissance, bei Raffael und Michelangelo, aber auch bei Giulio Romano (1499–1546) und Dürer (1471–1528) vorgebildet fand. Diesen Vorrat an Pathosformeln hatte er sich seit seiner frühesten Jugend vor allem anhand druckgrafischer Reproduktionen angeeignet, die in ihrer formalen Reduktion diesem Anliegen noch entgegenkamen.

ABB. 33
William Adolphe Bouguereau, **Dante und Virgil in der Hölle**, 1850
Öl auf Leinwand, 2,81 x 2,25 m. *Paris, Musée d'Orsay*

ABB. 34 *(Seite 60–61)*
Eugène Delacroix, **Die Dante-Barke**, 1822
Öl auf Leinwand, 1,89 x 2,46 m. *Paris, Musée National du Louvre*

Auch in den Dante-Zeichnungen bleiben solche Vorbilder deutlich erkennbar und verleihen gerade den Hauptfiguren Autorität und Allgemeingültigkeit. So bezieht sich der Gigant Kapaneus (Taf. 29) auf den sterbenden Gallier des Kleinen attalischen Weihgeschenkes (Neapel, Museo Archeologico Nazionale), während eine Gruppe von Teufeln (Taf. 39) auf die Ildefonsogruppe (Madrid, Museo Nacional del Prado), der Teufel Malacoda (Taf. 41) auf den Fackelträger der Sammlung Ludovisi (Rom, Palazzo Altemps), der Dieb Vanni Fucci (Taf. 51) auf den Diskobol des Myron (Rom, Museo Nazionale Romano) oder der Gigant Antaeus (Taf. 66) auf den Diomedes (München, Glyptothek) verweisen. Neben den Meisterwerken der Skulptur spielen antike Vasenbilder eine zentrale Rolle, wie Blake sie nachweislich in den berühmten Umrisszeichnungen von Pierre-François Hugues d'Hancarvilles (1719–1805) *Antiquités étrusques, grecques et romaines* studiert hat. Besonders die ekstatisch bewegten Figuren von Bacchanten und Mänaden hat er wiederholt aufgenommen (Taf. 26, 49).

Bei aller Dominanz der Figuren hat Blake in den Dante-Zeichnungen, vielleicht stärker als in allen anderen Werken, auch Licht und Farbe zu autonomen Bedeutungsträgern gemacht. Virtuos werden die atmosphärischen Qualitäten von Hölle, Fegefeuer und Paradies anschaulich

gemacht, dramatisches Hell-Dunkel, dräuende Wolken und flackerndes Höllenfeuer, stilles Mondlicht, verheißungsvolle Sonnenaufgänge, paradiesische Landschaften und das alles überstrahlende Licht des Empyreums.

Die Übersetzung eines dichterischen Textes in Bilder setzt einen komplexen Prozess von Aneignung und Umdeutung voraus und zwingt dazu, über Grenzen und Möglichkeiten der eigenen Kunst zu reflektieren und diese in der kritischen Auseinandersetzung mit der anderen Kunst zu erweitern. Zugleich liegt in der Übersetzung die Möglichkeit, das Potenzial des Textes immer wieder neu zu bestimmen und zu aktualisieren. Welche kreativen Energien solche medialen Grenzerfahrungen freisetzen, hängt von der „Qualität" des Übersetzers, aber auch von der „Relevanz" des dichterischen Vorwurfs ab, d. h. davon, wie stark der Text die künstlerische Sensibilität seines Übersetzers im Innersten berührt. Blake war durch seine Doppelbegabung als Dichter und bildender Künstler zweifellos besonders berufen, den Deutungs- und Bedeutungshorizont der *Divina Commedia* neu zu vermessen. Die Intensität seiner Auseinandersetzung spiegelt sich dabei auch in der Dualität von emphatischer Bewunderung des Dichters Dante bei gleichzeitiger Distanzierung von seinen politischen und religiösen Vorstellungen. Mit seinen Zeichnungen ist Blake zu einem der wichtigsten Dante-Interpreten der Moderne geworden. Als die Zeichnungen aus dem Besitz Linnells 1918 erstmals bei Christie's in London zum Verkauf kamen, wurden sie vom National Art Collections Fund als nationales Kulturgut erworben und schließlich unter sieben der bedeutendsten Museen des ehemaligen British Empire aufgeteilt.

ABB. 37
Jean-Baptiste Carpeaux, **Ugolino und seine Kinder**, 1857–1861
Gipsabguss, patiniert, Höhe 1,94 m. *Valenciennes, Musée des Beaux-Arts*

ABB. 38
Auguste Rodin, **Das Höllentor**, 1880–1917
Bronze, 6,80 x 4 m. *Kunsthaus Zürich, Geschenk von Emil Georg Bührle*

William Blake
Katalog der Zeichnungen

SEBASTIAN SCHÜTZE

Auf der Hälfte des Weges unseres Lebens
fand ich mich in einem finsteren Wald wieder,
denn der gerade Weg war verloren.

INFERNO I, 1–3

INFERNO I, 1–90

Dante flieht vor den wilden Tieren

Stift, Feder und Aquarell, 37 x 52,8 cm, sig. WB, bez. HELL Canto I
Melbourne, National Gallery of Victoria

Dante ist in der Mitte des Lebens vom rechten Weg abgekommen und findet sich in einem dunklen, furchterregenden Wald wieder. Dort erblickt er einen hell erleuchteten Hügel. Als er diesen zu erklimmen versucht, stellen sich ihm nacheinander drei wilde Tiere, ein Leopard, ein Löwe und eine Wölfin, in den Weg und hindern ihn am Aufstieg. Nun begegnet ihm der Schatten Vergils und weist ihm einen neuen Weg, der ihn durch Hölle, Fegefeuer und Paradies zur Offenbarung führen wird. Mit weit ausholendem Schritt und emphatisch erhobenen Armen weicht der in Rot gewandete Dante vor den übereinander angeordneten, furchterregenden Tieren zurück. Direkt vor ihm schwebt in blauem Gewand der römische Dichter. Beide Figuren sind in kontrapostischer Bewegung kunstvoll verschränkt. Auf einem solchen kompositorischen Kontrapost ist auch der weite Landschaftsgrund aufgebaut, mit dem von den wilden Tieren beherrschten Wald rechts und dem sich öffnenden Meeresblick und der aufgehenden Sonne links. Anschaulich sind so die widerstreitenden Gefühle des zwischen Mut und Verzweiflung, zwischen Hoffnung und Angst, zwischen Aufbruch und Umkehr hin und her gerissenen Dante verbildlicht.

„Mach du dich daher auf und hilf ihm mit deinem kunstvollen Wort
und mit dem, was es zu seiner Rettung braucht,
damit ich beruhigt sein kann."

INFERNO II, 67–69

INFERNO II, 52–72

Der Auftrag Vergils

Stift, Feder, Aquarell, 52,3 x 36,3 cm, sig. WB, bez. HELL Canto 2
Birmingham Museums and Art Gallery

Dante bestürmt seinen Führer Vergil mit Zweifeln, ob er den unbekannten, gefährlichen Weg wirklich einschlagen solle. Von Liebe bewegt, erscheint Beatrice dem antiken Dichter und bittet ihn, mit der Kunst seiner Worte den zaudernden Dante zu bestärken. Dante steht am Eingang zur Hölle. Er blickt zu den drei links am Waldrand heraustretenden wilden Tieren zurück, während Vergil ihm mit ruhiger Hand den zu beschreitenden Weg weist. Oberhalb der beiden Dichter erscheint rechts Beatrice in einer Wolkenkonfiguration. Der Hölleneingang wird von zwei am Boden hockenden Riesen flankiert. Es sind zwei der in der Vorhölle beheimateten Unwissenden, die, in den lodernden Flammen eingeschlossen, zur Unbeweglichkeit verdammt sind. Der ganze obere Teil der Komposition wird von einem heftig gestikulierenden bärtigen Alten beherrscht, den die Beischrift als „The Angry God of this World" identifiziert. Ihm hat sich eine gekrönte männliche Gestalt zu Füßen geworfen, die ein Malteserkreuz und Liliensymbole auf dem Gewand trägt und ein Weihrauchfass in der Rechten hält. Dies ist eine der wenigen Zeichnungen, in denen Blake seine Kritik an Dantes katholischem Weltbild explizit formuliert. Der Eintritt in die Hölle ist hier im Sinne seiner eigenen Mythologie als Eintritt in die gefallene Welt umgedeutet, die von Urizen beherrscht wird, dem falschen Gott, dem die weltlichen und geistlichen Mächte huldigen.

HELL Canto 2

„Nun geh voran, ein einziger Wille ist ja in uns beiden:
Du bist der Führer, du bist der Herr und du der Meister."

INFERNO II, 139–140

INFERNO II, 139–142

Dante und Vergil betreten den Wald

Stift, Feder und Aquarell, 37,1 x 52,7 cm, bez. HELL Canto 2
London, Tate Collection

Vergil hat den ängstlich zweifelnden und zaudernden Dante überzeugt, die Reise zu beginnen. Die mächtigen, sich zur Mitte neigenden Bäume bilden ein monumentales Eingangsportal für die beiden als Rückenfigur gegebenen, ins Gespräch vertieften Dichter. Dante ist mit noch zögernder Geste der Hände dargestellt, während Vergil mit erhobenen Armen dem Gefährten im Angesicht des undurchdringlich erscheinenden Dickichts emphatisch den zu beschreitenden Weg weist.

HELL Canto 2 line 150

Leave every Hope you who in enter

HELL Canto 3

„LASST ALLE HOFFNUNG FAHREN,
WENN IHR HIER HEREINKOMMT."
Diese Worte sah ich in dunkler Farbe über ein Tor geschrieben.

INFERNO III, 9–11

INFERNO III, 1–21
Die Inschrift über dem Höllenportal

Stift, Feder, Kreide und Aquarell, 52,7 x 37,4 cm, sig. WB, bez. HELL Canto 3
London, Tate Collection

Dante und Vergil sind am Höllenportal angelangt. Dante erblickt über dem Portal die berühmte Inschrift „Lasciate ogne speranza, voi ch'intrate", ohne die Worte in ihrer ganzen Bedeutungsschwere zu erfassen. Sein Begleiter fasst ihn an der Hand und bestärkt ihn, in die Unterwelt einzutreten. Die beiden Dichter stehen im Zentrum der Komposition. Während Dante noch innehält und staunend, fast ungläubig zur Inschrift emporblickt, die hier sowohl in Italienisch wie in Blakes englischer Übersetzung erscheint („Leave every Hope you who in Enter"), hat Vergil den rechten Fuß bereits auf die Schwelle gesetzt. Er schreitet voran und weist mit seiner erhobenen Hand auf den vor ihnen liegenden Weg. Der Gegensatz zwischen beiden Welten spiegelt sich in den runden, weich schwingenden, vegetabilen Formen des Diesseits und den scharfkantigen, zackigen in Rot- und Blautönen züngelnden Formen des Jenseits.

Diese Elenden, die ja nie wirklich gelebt hatten,
sie waren jetzt nackt und wurden heftig angestachelt
von Mücken und von Wespen, die es dort gab.

INFERNO III, 64–66

INFERNO III, 31–78

Die Vorhölle und die Seelen, die sich bereit machen, den Acheron zu überqueren

Stift, Feder und Aquarell, 52,8 x 37 cm, sig. WB, bez. HELL Canto 3
Melbourne, National Gallery of Victoria

In die Vorhölle eingetreten, vernimmt Dante furchtbare Schreie, verzweifeltes Stöhnen und Seufzen. Er erblickt einen von einem Fahnenträger angeführten unendlichen Zug von gepeinigten Seelen. Vergil erläutert ihm, es handle sich um die Gleichgültigen. Ihre Seelen können nicht einmal auf den Tod hoffen und werden von Fliegen und Wespen und von Gewürm zu ihren Füßen gepeinigt. Dante und Vergil stehen leicht erhöht am rechten Bildrand. Dante blickt mit erschrocken erhobenen Händen auf die vorbeiziehenden Seelen, die sich mit den Händen das Gesicht verhüllen oder mit heftigen Bewegungen des schwirrenden Ungeziefers erwehren. Am Himmel ziehen in einer Wolkenkonfiguration die ebenfalls in die Vorhölle verbannten Engel vorbei, die weder zu den abtrünnigen Engeln zählen, noch wirklich Gott angehören. In einer zweiten, auf den Fortgang der Reise verweisenden Bildebene hat sich am Ufer des in düsteren Farben gestalteten Flusses Acheron, der Vorhölle und Hölle trennt, eine Gruppe weiterer Seelen versammelt, um von Charon mit seiner Barke auf die andere Seite des Flusses gebracht zu werden.

Daraufhin regten sich bei dem Fährmann
auf dem trüben Pfuhl die zottigen Backen nicht mehr,
aber um die Augen hatte er Flammenräder.

INFERNO III, 97–99

INFERNO III, 82–111

Charon und die verdammten Seelen

Stift, Feder und Aquarell, 37,2 x 52,8 cm, bez. HELL Canto 3
Cambridge, Mass., Fogg Art Museum, Harvard University Art Museums

Die beiden Dichter sind ans Ufer des Acheron gelangt. Der dämonische Seelenschiffer Charon eröffnet den verdammten Seelen, was sie am anderen Ufer, im Reich der Finsternis, in Feuer und Eis erwartet. Als er unter den toten Seelen die lebende Gestalt Dantes entdeckt, fordert er ihn auf, sich zu entfernen und an anderer Stelle von einem „leichteren Boot" übersetzen zu lassen, worauf Vergil ihn belehrt, dass ihre Reise einem göttlichen Ratschluss folge. Die Komposition wird von der furchteinflößenden Figur Charons beherrscht, der mit weit ausholendem Schritt auf seiner Barke steht und sich mit exklamatorischem Gestus und einem mächtigen Stab in der Linken an die Seelen am Ufer und zugleich an die beiden auf einer kleinen Anhöhe stehenden Dichter wendet. Besonders eindrucksvoll sind die im Text beschriebenen Feuerringe um die Augen des Charon veranschaulicht.

HELL Canto 3

Darüber gelangte eine Stimme an mein Ohr:
„Ehret den allergrößten Dichter;
sein Schatten, der sich entfernt hatte, kehrt wieder!"

INFERNO IV, 79–81

INFERNO III, 130–136, IV, 79–90

Homer mit Schwert, umgeben von seinen Gefährten

Stift, Feder und Aquarell, 37,1 x 52,7 cm, bez. HELL Canto 4
Cambridge, Mass., Fogg Art Museum, Harvard University Art Museums

Während die Dichter noch am Ufer des Acheron stehen, wird die Erde von einem furchtbaren Beben erfasst, und Dante stürzt bewusstlos zu Boden. Als er erwacht, befindet er sich bereits im ersten Kreis der Hölle, im Limbus der ungetauften Kinder und der ungetauften Gerechten, die vor dem Advent des Christentums gelebt haben. Darunter sind viele ehrwürdige Dichter und Denker der Antike. Plötzlich hört Dante eine Stimme, die ihn auffordert, den größten aller Dichter zu ehren. Dann sieht er vier große Gestalten auf sich zukommen, und Vergil erläutert ihm, dass es sich um Homer mit dem Schwert in der Hand sowie um Horaz, Ovid und Lukan handele. Im Zentrum der Komposition erscheint, mit dem Lorbeer bekrönt, der Dichterfürst Homer, neben ihm die Schattenbilder seiner Begleiter. In den langen, mit Bleistift eingetragenen Notizen, die im Zuge der weiteren Ausführung zweifellos übermalt oder gelöscht worden wären, distanziert sich Blake entschieden von Dantes Verehrung für die antiken Dichter: „Everything in Dante's Comedia shews That for Tyrannical Purposes he has made This World the Foundation of All, & the goddess Nature Mistress; Nature is his Inspirer & not the Holy Ghost. As poor Skakespeare said: Nature, thou art my Goddess" („Alles in Dantes Komödie zeigt, dass er aus tyrannischen Absichten diese Welt zum Fundament von allem gemacht hat und die Göttin Natur zur Mätresse; die Natur ist seine Inspiration und nicht der Heilige Geist. Wie der arme Shakespeare sagte: Natur, du meine Göttin"). Links oben auf dem Felsmassiv beugt sich Vergil über den am Ufer des Acheron in Ohnmacht gefallenen Gefährten und verweist damit auf die unmittelbar vorangegangene Szene.

Week Shadow   Moon   Terrestrial Paradise   Canto 4

Purgatory

It is an Island in Limbo

Moon

as I saw Chaucer tells
saith Nature twice over
my Goddess

Venus

Heaven

That Purgatory is Paradise
& that Paradise is Heaven
or nearly so
that Heaven is the Centre
of All I mean
The Poetry of the
Heathen
Stolen & Perverted
from the Bible

not by Chance but
by design by the Kings
of Persia & their Generals
the Greek Heroes
& lastly by
the Romans

Saturn

Star Heroes

Venus

HELL Canto 4

„Sieh den dort, mit dem Schwert in der Hand,
der drei anderen voranschreitet wie ein König.
Das ist Homer, der größte Dichter ...“

INFERNO IV, 86–88

INFERNO IV, 28–42, 79–96

Homer und die antiken Dichter

Stift, Feder und Aquarell, 37,1 x 52,8 cm, bez. HELL Canto 4
London, Tate Collection

Dante und Vergil begegnen den ehrwürdigen Dichtern der Antike und werden von diesen begrüßt. Die beiden stehen am oberen Rand des Höllenkraters und blicken in den Limbus hinab. Vor einem Wäldchen erscheinen Homer, Horaz, Ovid und Lukan. Hinter einem Baumstamm ist rechts ein nicht zu identifizierender fünfter Dichter zu erkennen. Homer bildet das Zentrum der Gruppe und ist durch sein Schwert ausgezeichnet. Alle Dichter tragen einen Lorbeerkranz, der blau gewandete neben Homer hält eine Leier, ein Hinweis auf die lyrische Dichtung. Von einer dunklen Wolke umfangen, schweben im Mittelgrund nackte Frauen und Kinder – wohl ein Hinweis auf die im Limbus versammelten ungetauften Frauen und Kinder. Oberhalb der Dichtergruppe scheint eine bärtige Gestalt ein Opfer darzubringen, vielleicht ein Hinweis auf die heilige Flamme des dichterischen Genius (Roe 1953, S. 61).

HELL Canto 4

Und wie zur kalten Jahreszeit die Stare auf ihren Flügeln
in dichten, breiten Schwärmen hin und her getrieben werden,
so scheucht das Höllenkeuchen die sündigen Seelen
nach hier, nach dort, nach oben, nach unten.

INFERNO V, 40–43

INFERNO V, 1–51

Minos

Stift, Feder, Kreide und Aquarell, 37,3 x 52,8 cm, sig. WB, bez. HELL Canto 5
Melbourne, National Gallery of Victoria

Dante und Vergil sind im zweiten, den Wollüstigen vorbehaltenen Höllenkreis angelangt. Am Eingang thront der Höllenrichter Minos. Ihm müssen die verdammten Seelen ihre Sünden beichten und werden dann je nach der Schwere ihrer Vergehen in die entsprechenden Höllenkreise verbannt. Minos warnt Dante einzutreten, doch Vergil bringt ihn mit dem erneuten Hinweis auf den göttlichen Ratschluss zum Verstummen. Im Zentrum thront erhöht die mächtige Figur des Höllenrichters. Von links nähern sich Dante und Vergil, während sich vor dem Thron zwei verzweifelte Seelen niedergeworfen haben, um ihre Sünden zu beichten. Das sich umarmende nackte Paar rechts und die am Boden liegenden Fesseln verweisen auf die Sünde der „entfesselten" Wollust. Im Text werden die vom Sturm getriebenen Seelen plastisch beschrieben und mit dem Zug wandernder Stare und Kraniche verglichen. Darauf spielen im Bild die zu beiden Seiten des Minos schwebenden nackten Paare an.

HELL Canto 5
WB

„Als wir lasen, wie der lächelnde, begehrte Mund
von einem solchen Liebhaber geküsst wurde,
da hat auch er, der nun nie mehr von mir getrennt ist,
mich heftig bebend auf den Mund geküsst.“

INFERNO V, 133–136

INFERNO V, 37–51, 82–142

Der Kreis der Wollüstigen: Francesca da Rimini

Stift, Feder und Aquarell, 36,8 x 52,2 cm, bez. HELL Canto 5
Birmingham Museums and Art Gallery

Dante möchte erfahren, wer die unendlichen, von diesem gewaltigen Sturm getriebenen Seelen der Wollüstigen seien. Vergil zeigt ihm einige berühmte historische und literarische Gestalten wie Semiramis, Kleopatra, Dido und Helena, aber auch Achill, Paris und Tristan. Dann möchte Dante mit einem der unglücklichen Liebespaare sprechen. Es sind Dantes Zeitgenossen, Francesca da Rimini und Paolo Malatesta. Francesca schildert dem Dichter mit solchem Pathos die Geschichte ihrer unglücklichen Liebe, dass dieser, von Mitleid bewegt, ohnmächtig zu Boden sinkt. Der im Text plastisch beschriebene Strom nackter Leiber wird in der linken Bildhälfte wie von einem Wirbelwind erfasst dargestellt; er bewegt sich in dynamisch rotierenden Bewegungen himmelwärts. Auf der rechten Seite sind am Ufer des Stromes die beiden Dichter zu erkennen. Dante ist bereits zu Boden gestürzt, während über ihm Francesca und Paolo erscheinen. Die beiden Liebenden sind offenbar gleich zweimal wiedergegeben, in der Lichterscheinung über Vergil und dann noch einmal in dem von Dante ausgehenden Strom, so als wollten sie nun wieder zu dem Hauptstrom zurückkehren.

HELL Canto 5

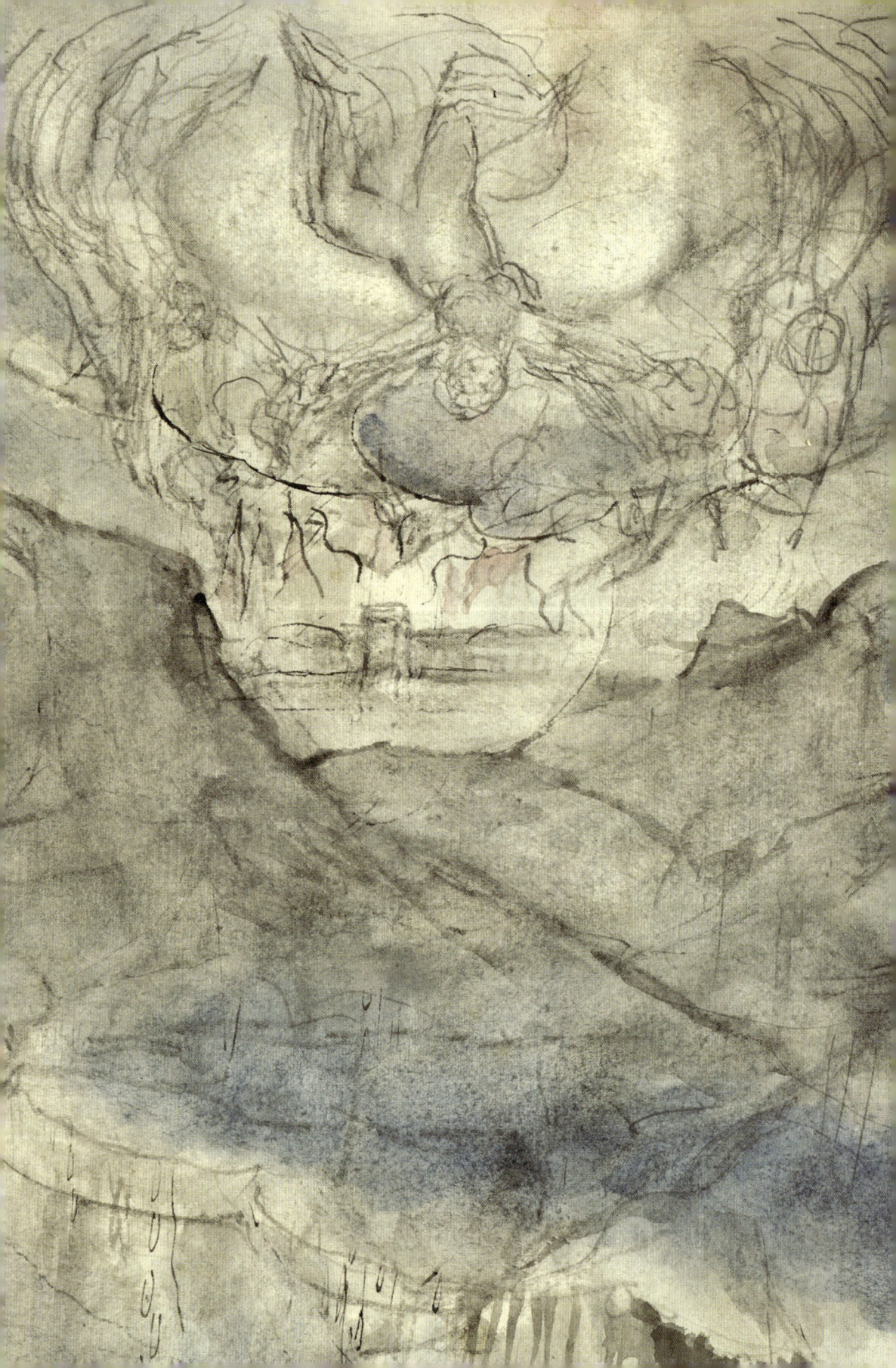

Dicke Schloßen, Schauer und schwärzliche Graupel
ergießen sich durch die finstere Luft;
faulig stinkt die Erde, die das aufnimmt.

INFERNO VI, 10–12

INFERNO VI, 1–21

Der Kreis der Schlemmer mit Cerberus

Stift, Feder und Aquarell, 36,9 x 52,7 cm
Cambridge, Mass., Fogg Art Museum, Harvard University Art Museums

Dante erwacht in dem von den Schlemmern bevölkerten dritten Kreis der Hölle. Hier regnet es ununterbrochen, die Luft ist von Hagel, schmutzigem Wasser und Schnee erfüllt. Die Seelen sind dazu verdammt, wie Tiere auf dem aufgeweichten, übel riechenden Boden zu liegen. Der dreiköpfige Höllenhund Cerberus peinigt die Unglücklichen, zerkratzt, häutet und zerreißt sie. Am rechten oberen Bildrand scheint taumelnd inmitten einer Wolkenkonfiguration Dante kopfüber in den Höllenkreis hineinzustürzen. Im Vordergrund sind schemenhaft die auf schlammigem, aufgeweichtem Grund liegenden Seelen zu erkennen. Dahinter türmt sich eine mächtige Felsformation, am Eingang einer Höhle ist der furchterregende Höllenhund zu erkennen. Die ganze Szenerie ist in düsteren Blau- und Grautönen gestaltet, wobei der freie, fließende Auftrag des Aquarells die von Regen durchtränkte Atmosphäre nachvollziehen lässt.

Seine Augen sind rot, sein Bart ist fettig und schmutzig,
sein Pansen aufgedunsen, an den Händen hat er Krallen;
mit denen packt er die Seelen, reißt ihnen die Haut ab und zerstückelt sie.

INFERNO VI, 16–18

INFERNO VI, 13–33

Cerberus (erste Version)

Feder und Aquarell, 37,2 x 52,8 cm, bez. HELL Canto 6
London, Tate Collection

Der dritte Höllenkreis wird von Cerberus beherrscht. Das furchterregende, drachenartige Untier ist im Text genau beschrieben. Der dreiköpfige Höllenhund wird von lodernden Flammen hinterfangen und von einem Brückenbogen überspannt. Fast scheint es, als läge er am Eingang einer Höhle. Mit seinen gewaltigen Tatzen hat er einige Seelen umklammert. Als das riesenhafte Untier die von rechts oben herannahenden, nur skizzenhaft angedeuteten Wanderer entdeckt, gerät es in Rage, reißt seine gierigen Mäuler auf und fletscht die Zähne. Vergil schleudert Erde in die Mäuler, um Cerberus abzulenken.

HELL
Canto 6

Als er uns erblickte, Cerberus, der dicke Wurm,
riss er seine Schnauzen auf und fletschte die Hauer;
kein Glied an ihm blieb ruhig.

INFERNO VI, 22–24

INFERNO VI, 13–33

Cerberus (zweite Version)

Stift, Feder und Aquarell, 37,3 x 52,8 cm, bez. HELL Canto 6
Melbourne, National Gallery of Victoria

Die zweite Fassung ist etwas detaillierter in der Ausführung, aber kompositorisch ähnlich angelegt. Während der Cerberus in der ersten Fassung von flammendem Rot-Gelb hinterfangen wird, dominieren nun Blau- und Grautöne. Dante und Vergil sind stärker ausgearbeitet, vor allem ist deutlich zu erkennen, dass Vergil Erde in die Mäuler wirft, um das aufgebrachte Untier abzulenken. Die in der ersten Version nur angedeuteten Seelen in seinen Tatzen sind plastischer ausgearbeitet und starren den Betrachter aus weit aufgerissenen, furchterfüllten Augen an.

HELL Canto 6

Wie windgeschwellte Segel zusammenklatschen,
wenn der Mastbaum kracht,
so stürzte die grimme Bestie zu Boden.

INFERNO VII, 13–15

INFERNO VII, 1–15

Pluto

Stift, Feder und Aquarell, 52,7 x 37,1 cm
London, Tate Collection

Am Übergang vom dritten zum vierten Höllenkreis stoßen die beiden Wanderer auf Pluto, der sie mit krächzender Stimme wütend anruft. Dante erschrickt, doch bringt sein Begleiter den Höllenwächter mit dem Hinweis auf den göttlichen Ratschluss ihres Tuns zum Verstummen, und sie können in den von Geizigen und Verschwendern bevölkerten Höllenkreis weiter hinabsteigen. Im Vordergrund sitzt die machtvolle Gestalt Plutos. Er wendet sich mit deklamatorischer Geste und erregtem Ausdruck an die herabsteigenden Wanderer und scheint zugleich vor den Argumenten Vergils bereits zu kapitulieren. Seine Rechte liegt auf einem nur eben skizzierten Geldsack, ein Hinweis auf die Laster des vierten Höllenkreises. Wunderbar ist in der Gruppe von Dante und Vergil das erschreckte Zögern des einen mit dem entschiedenen Voranschreiten des anderen verbunden.

HELL Canto 7.

„Ihr könnt euch mit eurem Wissen ihr nicht widersetzen:
Sie sieht vorher, sie urteilt und sie übt die Herrschaft aus,
ganz wie die andern göttlichen Instanzen.“

INFERNO VII, 85–87

INFERNO VII, 22–96

Die Göttin Fortuna

Stift, Feder und Aquarell, 52,8 x 37,2 cm, bez. HELL Canto 7
Melbourne, National Gallery of Victoria

Im vierten Höllenkreis sind Geizige und Verschwender dazu verdammt, auf ewig gewaltige Lasten im Kreise vor sich her zu wälzen. Immer wenn die beiden sich in Gegenrichtung bewegenden Gruppen aufeinandertreffen, beschimpfen sie sich wütend, nur um dann umzukehren, den Kreis erneut zu durchschreiten und wieder aufeinanderzutreffen. Dante ist tief erschüttert, und Vergil nimmt diesen ewigen Widerstreit von Geiz und Verschwendung zum Anlass, ihm Wesen und Wirken der wankelmütigen und unergründlichen Göttin Fortuna zu erläutern. Im oberen Teil der Komposition stoßen die Gruppen von Geizigen und Verschwendern aufeinander. Die großen Lasten, die sie vor sich herschieben, tragen die schwer lesbaren Aufschriften „Celestial Globe" links und „Terrestrial Globe" rechts. Im unteren Teil kommt die nackte Göttin Fortuna aus einer Art Brunnenschacht hervor. In der Beischrift, die im Zuge der weiteren Ausführung sicher übermalt worden wäre, formuliert Blake in drastischen Tönen seine radikale Ablehnung der Fortuna: „The hole of a Shit-house. The Goddess Fortune is the devil's servant, ready to kiss any one's Arse." („Wie ein Loch vom Scheißhaus küsst Fortuna als Dienerin des Teufels jeden Arsch").

The Stygian Lake

HELL Canto 7

Ich suchte in diesem Morast etwas zu erkennen
und sah moorverschmierte Leute,
allesamt nackt und mit wutverzerrten Gesichtern.

INFERNO VII, 109–111

INFERNO VII, 100–126

Der Styx mit den kämpfenden Seelen der Zornigen

Feder und Aquarell, 52,7 x 37,1 cm, bez. HELL Canto 7
Melbourne, National Gallery of Victoria

Dante und Vergil steigen weiter hinab in den fünften Höllenkreis und erreichen den Sumpf Styx. Die Seelen der Zornigen stecken tief im schmutzigen Morast und streiten miteinander. Sie schlagen mit Händen, Kopf, Brust und Füßen aufeinander ein und zerreißen einander mit den Zähnen. Vergil weist seinen Begleiter darauf hin, dass unterhalb der Wasseroberfläche die faulen und untätigen Sünder im Schlamm stecken, wie man an den aufsteigenden Luftbläschen erkennen könne. Die beiden Gruppen von Sündern sind übereinander angeordnet. Im oberen Teil der Komposition stehen sich zwei Dreiergruppen von Zornigen gegenüber, die mit drohend erhobenen Fäusten aufeinander losstürzen. Durch die gedrängte Masse der hintereinander gestaffelten Körper, die physische Nähe der Kontrahenten und die zeichenhaft überhöhten Armgesten wird die Gewalt der Auseinandersetzung anschaulich. Im unteren Teil scheinen drei untätige Seelen schlafend auf dem Grund des Sumpfes zu liegen. Der Raumeindruck ist unwirklich und auf den ersten Blick schwer nachzuvollziehen. Nur durch feine Wellenlinien ist angedeutet, dass sich die Untätigen unterhalb der Wasseroberfläche befinden, während die Zornigen mit ihren Oberkörpern über diese hinausragen. Die ganze Darstellung ist oben in Bleistift mit „The Stygian Lake" beschriftet.

Nie hat eine Sehne ihren Pfeil
schneller durch die Luft geschossen,
als ich in diesem Augenblick einen kleinen Kahn
über das Wasser auf uns zuflitzen sah ...

INFERNO VIII, 13–16

INFERNO VII, 127–130, VIII, 1–24

Dante und Vergil schicken sich an, den Styx zu überqueren

Stift, Feder, Kreide, grau laviert, 36,8 x 52,7 cm, bez. HELL Canto 7
Cambridge, Mass., Fogg Art Museum, Harvard University Art Museums

Dante und Vergil sind am Fuß eines hohen, mit Leuchtfeuern bestückten Turmes angelangt. Auf der gegenüberliegenden Seite des Sees sind vergleichbare Lichter zu erkennen. Ein kleines Segelboot nähert sich mit atemberaubender Geschwindigkeit. Es ist mit dem Schiffer Phlegyas bemannt, der die beiden Wanderer an das gegenüberliegende Ufer bringen wird. Rechts im Vordergrund ragt der in Schatten gehüllte Turm empor. Die beiden Leuchtfeuer scheinen wie Mondsicheln am Himmel zu schweben. Zu Füßen des Turmes stehen nur skizzenhaft angedeutet Dante und Vergil und blicken auf das herannahende Segelboot und das entfernt am gegenüberliegenden Ufer flackernde Licht. Die weite Szenerie ist in nächtliches Dunkel getaucht. Die extreme Reduktion der Darstellungsmittel unterstreicht eindrucksvoll die düstere Stimmung des Ortes. Links oberhalb des Bootes ist in Bleistift noch die Beischrift „Stygian Lake" zu erkennen.

Stygian Lake

HELL Canto 7

Da wollte der mit beiden Händen nach dem Kahn greifen.
Aber der Meister stieß ihn schnell entschlossen zurück und rief:
„Weg mit dir, zu den andern Hunden!"

INFERNO VIII, 40–42

INFERNO VIII, 31–42

Vergil stößt Filippo Argenti vom Boot des Phlegyas zurück

Stift, Feder und Aquarell, 36,9 x 52,7 cm, bez. HELL Canto 8
Cambridge, Mass., Fogg Art Museum, Harvard University Art Museums

Während der Überfahrt über den Styx reckt sich eine verdammte Seele aus dem schlammigen Wasser empor und ruft Dante an. Er erkennt schließlich den wegen seiner Arroganz verhassten Florentiner Zeitgenossen, Filippo Argenti, und weist ihn schroff zurück. Als Argenti mit beiden Händen den Rand des Bootes ergreift, stößt Vergil ihn zurück ins Wasser. Das kleine Boot ist in vorderster Ebene bildparallel angeordnet und wird vom linken Bildrand überschnitten. Rechts sitzt Phlegyas am Steuerruder. Ganz links steht der als Rückenfigur dargestellte Dante und blickt erschrocken auf die Gestalt Argentis, der von Vergil mit beiden Händen zurückgestoßen wird.

HELL Canto 8

... so sah ich ungezählte verstörte Seelen vor jemandem fliehen,
der trockenen Fußes über den Styx wandelte.

INFERNO IX, 79–81

INFERNO VIII, 67–85, IX, 64–81

Der Engel überquert den Styx

Stift, Feder und Aquarell, 37,2 x 52,7 cm, bez. HELL Canto 8
Melbourne, National Gallery of Victoria

Nach der Überquerung des Styx gelangen die beiden Wanderer zur Höllenstadt Dis. Dante sieht mehr als tausend verdammte Seelen, die vom Himmel herabstürzen und ihnen wütend den Zutritt verweigern. Vergil versucht zu verhandeln, doch werden ihm die Tore vor der Nase zugeschlagen. Jetzt müssen die beiden Wanderer auf den Beistand eines von Gott gesandten Engels hoffen. Von einem gewaltigen Sturm und einer Staubwolke begleitet, kommt der Engel über den See heran und schlägt die Seelen in die Flucht. Die Narration des Blattes verbindet Motive aus dem 8. und 9. Gesang. Rechts ist die von ewigem Feuer glühende, mit Zinnen bewehrte Höllenstadt zu sehen. Nur eben angedeutet, sind Dante und Vergil vor den geschlossenen Toren und darüber einige Seelen zu erkennen. Von links eilt der Engel im Laufschritt über die Wasser des Styx heran. Der ihn begleitende Wirbelsturm reißt die verdammten Seelen, die Dante und Vergil den Zutritt verwehren, mit sich fort.

HELL Canto 8

Hoi, wie hoheitsvoll er mir erschien!
Er näherte sich dem Tor und öffnete es durch bloßes Berühren
mit dem Stab in seiner Rechten, und es gab keinerlei Widerstand.

INFERNO IX, 88–90

INFERNO IX, 34–90

Der Engel öffnet das Tor von Dis

Stift, Feder und Aquarell, 37,1 x 52,8 cm, bez. HELL Canto 9
Melbourne, National Gallery of Victoria

Während Dante und Vergil, von Angst und Zweifeln erfüllt, auf die Ankunft des göttlichen Beistandes warten, erscheinen über dem verschlossenen Eingangstor von Dis die drei Furien Megära, Alekto und Tisiphone und rufen Medusa herbei, um Dante durch ihren Anblick zu versteinern. Vergil bedeutet seinem Gefährten, sich umzuwenden und die Augen zu schließen. Im nächsten Moment kommt, von einem gewaltigen Sturm begleitet, der Engel heran. Zornig tritt er vor das Stadttor und öffnet es ohne Widerstand. Die Komposition ist ganz symmetrisch angelegt und verbindet zwei sukzessive Momente der Erzählung. Über dem durch ein Fallgitter verschlossenen Tor sind noch zwei der schlangenbewehrten Furien mit der Medusa im Zentrum zu erkennen. Eben ist der hoch aufragende geflügelte Engel mit weit ausholender Geste des linken Armes und dem Stab in der Rechten auf das Stadttor zugetreten, um es zu öffnen. Zu Seiten des Tores stehen die beiden Wanderer. Um sich vor dem versteinernden Blick der Medusa zu schützen, hat sich Dante abgewandt und hält sich die Augen zu. Sein hinter ihm stehender Führer hat ihm zur Sicherheit, genau wie im Text beschrieben, noch zusätzlich die Hände über die Augen gelegt.

HELL Canto 9

„Deine Mundart tut mir's kund:
Du stammst aus jener edlen Heimatstadt,
für die ich wohl untragbar geworden war."

INFERNO X, 25–27

INFERNO X, 22–93

Dante im Gespräch mit Farinata degli Uberti

Stift, Feder und Aquarell, 36,7 x 52 cm, bez. HELL Canto 10
London, The British Museum

Die beiden Wanderer können nun endlich in die Höllenstadt eintreten. Sie treffen auf ein weites Feld mit zahllosen Gräbern von Häretikern. Die Deckel der Gräber sind offen, daraus dringen glühende Flammen und furchterregende Schmerzensschreie. Aus einem der Gräber erhebt sich Farinata degli Uberti und verwickelt Dante in ein Gespräch über die blutigen Auseinandersetzungen zwischen den verfeindeten Parteien der Ghibellinen und Guelfen in Florenz. Farinata war der Anführer der Ghibellinen und hatte Dantes Vorfahren, die zu den Guelfen gehörten, zweimal aus ihrer Vaterstadt vertrieben. Vor der Kulisse der brennenden Höllenstadt sind mehrere geöffnete Gräber angeordnet. Dante steht im Zentrum und spricht mit Farinata degli Uberti, der, genau wie im Text beschrieben, bis zur Hüfte aus seinem Grab herausragt. Rechts von ihm ist eine weitere, nur bis zum Kinn sichtbare Gestalt erkennbar. Es ist Cavalcante de' Cavalcanti, der Vater des mit Dante eng befreundeten Dichters Guido Cavalcanti, der sich bei Dante nach dem Schicksal seines Sohnes erkundigt. Beiden Gestalten begegnen wir hier im sechsten Höllenkreis der Häretiker, da Farinata nach der Vertreibung der Ghibellinen posthum zum Häretiker erklärt und Cavalcante als Epikureer verdächtigt wurde.

HELL Canto 10

„Sämtlich sind sie voll mit Seelen Verdammter.
Doch damit du später nur noch zu schauen brauchst,
sollst du jetzt schon erfahren, wie und warum sie dort eingezwängt sind."

INFERNO XI, 19–21

INFERNO XI, 1–21

Die Höllenkreise

Stift und Aquarell, 51,5 x 36,3 cm
London, The British Museum

Beim Eintreten in den siebten Höllenkreis werden Dante und Vergil durch den unerträgli-
chen Gestank gezwungen, innezuhalten und beim Grab des Papstes Anastasius zu rasten. Vergil
nutzt die Gelegenheit, um seinem Gefährten den Aufbau der letzten drei Höllenkreise genauer
zu erläutern, die den Gewalttätigen, den Betrügern und den Verrätern vorbehalten sind. Das von
Blake gezeichnete Höllenschema umfasst alle neun Höllenkreise und war wahrscheinlich nicht für
eine weitere Ausführung bestimmt, sondern diente in erster Linie der eigenen Anschauung. Die
einzelnen Kreise sind mit genauen Angaben zu den sie bewohnenden Höllenwächtern versehen.
In den seitlichen Inschriften distanziert sich der Künstler scharf von den religiösen Vorstellungen
Dantes. Für ihn standen das Konzept der Hölle und die Bestrafung der Sünder im Widerspruch
zur Barmherzigkeit Gottes. Rechts unten lesen wir: „Whatever Book is for Vengeance for Sin &
Whatever Book is Against the Forgiveness of Sins is not of the Father, but of Satan the Accuser
& Father of Hell." („Jedes Buch, das die Bestrafung der Sünden befürwortet oder sich gegen die
Vergebung der Sünden ausspricht, ist nicht von Gottvater inspiriert, sondern vom anklagenden
Satan, dem Vater der Hölle").

Wie der Stier, der im Augenblick,
wo er den Todesstoß empfängt, noch seinen Strick zerreißt,
schon nicht mehr laufen kann und nur mehr hin und her springt,
so sah ich es den Minotaurus machen ...

INFERNO XII, 22–25

INFERNO XII, 1–30
Der Minotaurus
Stift, Feder, Kreide und Aquarell, 37,1 x 52,7 cm, bez. HELL Canto 12
Cambridge, Mass., Fogg Art Museum, Harvard University Art Museums

Die beiden Wanderer setzen ihren Weg fort und kommen an einen besonders schroffen, steilen Felsgrund. Dort begegnen sie dem erzürnten Minotaurus, dem Wächter des siebten Höllenkreises. Vergil erinnert an den tapferen Theseus, dem es einst gelungen war, das blutrünstige Mischwesen, halb Mensch halb Stier, mithilfe seiner Schwester Arianna zu besiegen. Wie ein tödlich verletzter Stier beginnt der Minotaurus umherzutaumeln, sodass es den beiden Wanderern gelingt, ihren Abstieg fortzusetzen. Dante und Vergil stehen am linken Bildrand an einem steil abfallenden Felsgrund, aus dem dunkle Schwaden aufsteigen. Im Hintergrund sind noch die zinnenbewehrten Mauern der Höllenstadt zu erkennen. Vergil richtet seine Worte an den wutschnaubenden, sich aufbäumenden Minotaurus. Mit der rechten Hand hat er die Hand des Gefährten ergriffen, der sich bereits anschickt, den Abstieg in den nächsten Höllenkreis fortzusetzen.

HELL
Canto 12

„Um den Graben herum laufen sie zu Hunderten
und schießen ihre Pfeile auf jede Büßerseele,
die höher aus dem Blut heraus will,
als sie es nach ihrer Schuldzuweisung darf."

INFERNO XII, 73–75

INFERNO XII, 46–75

Die Kentauren und der Blutstrom

Stift, Feder und Aquarell, 37,1 x 52,7 cm, bez. HELL Canto 12
Cambridge, Mass., Fogg Art Museum, Harvard University Art Museums

Am Ende des Tales erreichen die beiden Wanderer den ersten Ring des siebten Höllenkreises. Hier fließt der kochende Blutstrom, in dem diejenigen schmoren, die Gewalt gegen ihre Nächsten angewendet haben. Mit Pfeil und Bogen wachen Kentauren am Ufer des Stromes darüber, dass die Verdammten, ihrem Vergehen gemäß, nicht zu weit aus dem kochenden Strom auftauchen. Unter den Kentauren befindet sich auch Nessus, der einst aus Liebe zu Deianira den Tod gefunden hatte. Er fragt die beiden Wanderer, welche Strafe sie hier zu verbüßen hätten. Vergil verlangt darauf, mit dem weisen Kentauren Chiron zu sprechen, und erklärt, dass er auf göttliches Geheiß den lebenden Dante auf seiner Höllenwanderung begleite. Chiron beauftragt daraufhin Nessus, die beiden zu führen. Die Komposition wird von den zu beiden Seiten aufsteigenden Wänden des Tales gerahmt. Ein männlicher und ein weiblicher Kentaure scheinen den Eingang zu bewachen und führen wie Repoussoirfiguren in die Komposition ein. In der Mitte öffnet sich der Blick auf den in die Tiefe fließenden Blutstrom, in dem zahllose Seelen schwimmen. Am gegenüberliegenden Ufer hat sich eine Gruppe von Kentauren versammelt. Der vorderste scheint mit seinem Bogen auf eine Seele zu zielen, die sich zu weit aus dem kochenden Blutstrom erhoben hat. Die Komposition ist mit dem Bleistift angelegt. Nur der Blutstrom und die Vegetation sind durch aquarellierte Rot- und Grünakzente hervorgehoben.

HELL Canto 12

Breite Flügel haben sie, Hals und Gesicht von Menschen,
an den Füßen Krallen und Federn auf dem dicken Bauch;
sie hocken auf den Bäumen und stoßen unheimliche Klagerufe aus.

INFERNO XIII, 13–15

INFERNO XIII, 1–78

Der Wald der Selbstmörder mit den Harpyien

Feder und Aquarell, 37,2 x 52,7 cm, bez. HELL Canto 13
London, Tate Collection

Dante und Vergil haben den zweiten Ring des siebten Höllenkreises erreicht: einen dichten, unzugänglichen Wald, der von schrecklichen Harpyien bevölkert ist und in dessen Bäumen die Seelen von Selbstmördern wohnen. Man hört überall lautes Wehklagen, ohne dass jemand zu sehen wäre. Vergil fordert den Gefährten auf, einen Zweig abzubrechen. Als Dante dies tut, schreit der Stamm des Baumes auf und beginnt zu bluten. Vergil entschuldigt sich bei der verletzten Seele mit dem Argument, nur so habe Dante die Wahrheit erfahren können. Gleichzeitig fordert er sie auf, Dante ihre Geschichte zu erzählen, damit dieser als kleine Wiedergutmachung ihren Ruhm in der Welt erneuern könne. Dante entdeckt, dass es sich um Pier delle Vigne handelt, den berühmten Kanzler Friedrichs II., der sich einst das Leben genommen hatte, als der Kaiser ihn aufgrund von Verleumdungen des Verrats bezichtigt hatte. Eine Anzahl dunkler, knorriger Stämme ist in vorderster Bildebene aufgereiht. In den Baumkronen sitzen drei Harpyien, die in ihrer Gestalt wörtlich den Text aufnehmen. Etwas tiefer im Bild stehen, von den mittleren Bäumen bedeutungsvoll gerahmt, die beiden Dichter. Dante hat entsetzt den Zweig zu Boden geworfen. Der blutende Baum birgt die Gestalt des Pier delle Vigne, während in den anderen Bäumen weibliche Seelen zum Teil kopfüber gefangen sind.

Und da kamen auch schon von links zweie gelaufen,
nackt und zerkratzt, und so wild auf der Flucht,
dass kein Dorn im Wald sie aufhalten konnte.

INFERNO XIII, 115–117

INFERNO XIII, 109–129

Die Höllenhunde jagen die Verschwender
des eigenen Besitzes

Stift, Feder, Kreide und Aquarell, 37,3 x 52,8 cm, bez. HELL Canto 13
Melbourne, National Gallery of Victoria

Neben den Selbstmördern sind in den zweiten Ring des siebten Höllenkreises auch diejenigen verdammt, die ihren eigenen Besitz verschwendet haben. Dante und Vergil werden plötzlich durch lautes Bellen und eine wilde Verfolgung im Dickicht des Waldes aufgeschreckt. Zwei der unglücklichen Verschwender, Lano da Siena und Jacopo da Sant'Andrea, werden von einer aufgebrachten Meute von Hunden verfolgt und versuchen durch das dichte Unterholz zu fliehen. Einem gelingt es zu entkommen, während der andere sich in einem Busch versteckt. Dort wird er von den Hunden aufgespürt und zerrissen. Die wilde Verfolgung ist in vorderster Bildebene dargestellt, der Ort des Geschehens durch die in den Baumkronen sitzenden Harpyien bezeichnet. Jacopo da Sant'Andrea hat sich am linken Bildrand versteckt und wird von den heranstürmenden Höllenhunden zerfleischt. Etwas tiefer im Bild ist der zweite Verschwender zu erkennen. Seine ekstatische Bewegung erinnert an dionysische Tänzer griechischer Vasen und macht die wilde Flucht anschaulich. Die sich hinter ihm öffnende Lichtung des Waldes deutet an, dass er den Hunden entkommen kann.

HELL Canto 13

Einige lagen am Boden mit den Bäuchen nach oben,
andere hockten geduckt da,
wieder andere liefen unablässig umher.

INFERNO XIV, 22–24

INFERNO XIV, 1–30

Szene im dritten Ring des siebten Höllenkreises

Stift, 52 x 36,6 cm
London, The British Museum

Die beiden Wanderer treten in den dritten Ring des siebten Höllenkreises ein, der Gottes-lästerern, Wucherern und Sodomiten vorbestimmt ist. Eine wüstenartige Ebene ohne jede Vegetation öffnet sich vor ihren Augen. Es regnet ohne Unterlass Feuer, und Gruppen verdamm-ter Seelen erleiden unterschiedliche Strafen. Das Blatt ist nur skizzenhaft mit dem Bleistift ange-legt und nicht bezeichnet. Im Zentrum sitzt ein alter bärtiger Mann, der sich wie schlafend auf einen architektonisch gestalteten Unterbau lehnt. Zu seinen Füßen liegt bildparallel eine weitere Gestalt wie tot am Boden. Möglich ist, dass es sich um die exemplarische Darstellung der im Text beschriebenen Gruppen von Verdammten handelt, die rücklings auf dem Boden liegen, zusam-mengesunken dasitzen oder unablässig umherlaufen. Letztere Gruppe würde dann noch fehlen. Der architektonische Unterbau, auf den sich der Alte schlafend zu stützen scheint, könnte als Altar gelesen werden und damit auf die Gotteslästerung hinweisen.

Ohne Unterlass ging so der Hüpftanz,
die armen Hände suchten bald hier, bald dort
die immer frischen Brände wegzuschlagen.

INFERNO XIV, 40–42

INFERNO XIV, 19–42

Gotteslästerer, Wucherer und Sodomiten

Stift, Feder und Aquarell, 37,1 x 52,7 cm, bez. HELL Canto 14
Cambridge, Mass., Fogg Art Museum, Harvard University Art Museums

Auf diesem Blatt ist wohl das Thema des vorhergehenden Blattes neu konzipiert. Am rechten Bildrand stehen Dante und Vergil und blicken auf die klar in drei Gruppen geteilten Sünder, die genau dem Text folgend charakterisiert sind: links unten die am Boden liegenden, darüber die zusammengekauert sitzenden und, direkt vor den beiden Dichtern, die unablässig getriebenen Seelen. Diese Gruppen werden im weiteren Verlauf des Textes mit Gotteslästerern, Wucherern und Sodomiten identifiziert. Über dem gesamten Geschehen geht ewiger Feuerregen nieder und peinigt die Seelen. Nur die vorderen Figuren der Sodomiten, unter denen auch eine weibliche Gestalt zu erkennen ist, sind plastisch durchmodelliert.

HELL
Canto 14

„O je, Kapaneus, genau darin, dass dein Stolz sich nicht bezähmen will,
liegt doch deine schlimmste Strafe.
Keine andere Qual außer deinem eigenen Wüten
wäre für den unbändigen Zorn in dir die angemessene Vergeltung."

INFERNO XIV, 63–66

INFERNO XIV, 49–72
Kapaneus, der Gotteslästerer
Feder und Aquarell, 37,3 x 52,7 cm, sig. WB, bez. HELL Canto 14
Melbourne, National Gallery of Victoria

Bei ihrer Wanderung durch den dritten Ring des siebten Höllenkreises stoßen Dante und Vergil auf Kapaneus, einen der sieben Könige, die einst gegen Theben gezogen waren. In seinem Hochmut hatte er Jupiter herausgefordert und war von diesem mit einem Blitzschlag getötet worden. Kapaneus scheint der Feuerregen nichts anzuhaben, er zeigt auch jetzt keine Reue und ruft Dante zu, selbst wenn Jupiter alle von Vulkan und den Zyklopen gefertigten Pfeile auf ihn abschieße, solle er keine Freude an seiner Rache haben. Dem entgegnet Vergil, dass für seinen Hochmut einzig seine eigene Wut die angemessene Strafe sei. Dante und Vergil stehen am linken Bildrand. Die ungemein plastisch modellierte Gestalt des Kapaneus ruht wie eine antike Statue am Boden und erinnert in ihrer Haltung an einen Flussgott oder eher noch an den sterbenden Gallier des Kleinen attalischen Weihgeschenkes oder den sogenannten Theseus vom Ostgiebel des Parthenon. Die Glut der Flammen umgibt ihn von allen Seiten. Sie lodern am Boden und in dem dahinter liegenden Wald, sie kommen wie Blitze vom Himmel herab und erinnern damit an den Blitz Jupiters, der einst Kapaneus' Hochmut bestraft hatte. Die Flammen wirken allerdings geradezu wie eine Lichtaureole und verleihen dem Gotteslästerer fast etwas Heroisches.

HELL Canto 14

HELL Canto 14

„Jeder Teil seines Körpers aber – nur das Gold des Kopfes nicht –
ist aufgesprungen, und aus den Rissen quellen Tränen,
die sich sammeln und den Grottenboden höhlen."

INFERNO XIV, 112–114

INFERNO XIV, 94–120

Von Vergil beschriebene symbolische Figur
des Verlaufs der Menschheitsgeschichte

Stift, Feder und Aquarell, 52,7 x 37,2 cm, bez. HELL Canto 14
Melbourne, National Gallery of Victoria

Dante und Vergil setzen ihre Reise fort und stoßen auf einen blutroten Strom, den Phlegethon. Um dem Gefährten seinen Ursprung zu erklären, berichtet Vergil von der Statue eines riesigen Greises, die im Berg Ida auf Kreta eingeschlossen ist. Sie besteht aus verschiedenen Materialien: der Kopf aus Gold, Arme und Brust aus Silber, der Rumpf bis zu den Lenden hin aus Kupfer, die Beine aus Eisen und nur der rechte Fuß aus Ton. Alle Teile des Körpers, bis auf den Kopf, sind von Rissen durchzogen, aus denen Tränen fließen, die ins Tal hinabstürzen und die Höllenflüsse Acheron, Styx und Phlegethon bilden. Diese vereinen sich schließlich und fließen am unteren Ende der Hölle in den eisigen Kokytos. In diesem allegorischen Bild der Menschheitsgeschichte kommen zwei Traditionen zusammen: die Deutung des Traumes von König Nebukadnezar durch Daniel (Dan. 2, 31–33) und Ovids Lehre vom Goldenen Zeitalter, das sukzessive durch das Silberne, Kupferne und schließlich Eiserne abgelöst wird (Met. I, 89–162). Vor der nur angedeuteten Silhouette des Berges steht in leichtem Kontrapost die riesenhafte Figur der Menschheitsgeschichte. In ihrer heroischen Nacktheit und dem von einem Strahlenkranz geschmückten Haupt gleicht sie einem antiken Götterbild oder der Statue eines vergöttlichten hellenistischen Herrschers. In der rechten Hand trägt sie die von einem Kreuz bekrönte Weltkugel, in ihrer Linken ein Zepter. Beide Herrschaftszeichen sind im Text nicht erwähnt. Aus dem Körper fließen Tränen, die sich zu kräftigen Strömen verbinden und auf die Erde ergießen. Auf den Oberschenkeln verweisen einzelne tropfenförmige Tränen direkt auf die Formulierung des Textes.

... bildeten sie zu dritt ein Rad.
Wie bei Streitkämpfen die Gegner, nackt und eingeölt,
sich umschleichen, nicht aus den Augen lassen und lauern,
wo sie den andern am besten packen können, bevor sie zuschlagen ...

INFERNO XVI, 21–24

INFERNO XVI, 1–87

Die Bestrafung von Jacopo Rusticucci
und seinen Gefährten

Stift, Feder und Aquarell, 37,1 x 52,7 cm, bez. HELL Canto 16
Cambridge, Mass., Fogg Art Museum, Harvard University Art Museums

Fast am Übergang zum nächsten Höllenkreis angelangt, begegnen die Wanderer drei berühmten Florentinern, Guido Guerra, Tegghiaio Aldobrandi und Jacopo Rusticucci. Diese erkennen in
Dante einen Mitbürger und wollen ihm ihre Geschichten erzählen und etwas über den Zustand
ihrer Vaterstadt erfahren. Da sie zu ewigem Lauf verdammt sind, müssen sie einen Kreis bilden
und ständig den Kopf umwenden, um mit Dante zu kommunizieren. Der Dichter ist tief bewegt
und versichert, er habe von ihren ehrenvollen Taten gehört und davon berichtet. Dante und Vergil
stehen am linken Bildrand. Die drei Florentiner bewegen sich direkt vor ihnen schwebend im
Kreis. Kräftige Farbakzente unterstreichen die Dynamik der rotierenden Bewegung. Die fantas-
tische Kreisformation mit den athletischen nackten Figuren nimmt die Formulierung des Textes
wörtlich auf. Am Ende des Dialoges löst sich der Kreis mit rasender Geschwindigkeit auf, wobei
die Beine der auseinanderstrebenden Seelen wie Flügel erscheinen.

HELL
Canto 16

So ging ich noch ganz allein
bis zum äußersten Ende dieses siebten Kreises,
wo die Leute saßen und litten.

INFERNO XVII, 43–45

INFERNO XVII, 34–75

Die Wucherer

Stift, Feder und Aquarell, 37 x 52,7 cm, bez. HELL Canto 17
Cambridge, Mass., Fogg Art Museum, Harvard University Art Museums

Am äußersten Rand des dritten Rings treffen Dante und Vergil auf das Untier Geryon. In seiner Nähe kauert eine Gruppe von qualvoll gepeinigten Wucherern am Boden. Dante geht allein zu ihnen hinüber, erkennt aber niemanden. Als er näher tritt, sieht er, dass sie Geldbeutel um den Hals tragen, auf denen ihre Familienwappen angebracht sind. Neben den Florentinern Gianfigliazzi und Obriachi erkennt er das Wappen des aus Padua stammenden Bankiers Reginaldo Scrovegni, zu dessen Andenken sein Sohn Enrico später die Arenakapelle in Padua gestiftet hat. Dante steht am linken Bildrand und blickt auf die am Boden kauernden, heftig mit den Armen gestikulierenden Wucherer. Obwohl die Zeichnung nur skizzenhaft angelegt ist, sind die drei im Text beschriebenen Wappentiere erkennbar, von links nach rechts: die Sau der Scrovegni, die Gans der Obriachi und der Löwe der Gianfigliazzi. Die ganz links sitzende Figur des Reginaldo Scrovegni ist zusätzlich durch die farblich akzentuierte herausgestreckte Zunge charakterisiert, die im Text direkt erwähnt wird.

... auf Rücken, Brust und beiden Flanken
waren ihm Knoten und Plättchen aufgemalt.
Nie haben Tataren und Türken ihre Stoffe,
Grund oder Auflage, bestrickender gefertigt,
noch hat je Arachne ihre Netze so fein aufgesetzt.

INFERNO XVII, 14–18

INFERNO XVII, 1–27, 79–136

Geryon bringt Dante und Vergil
in die Hölle Malebolge hinab

Stift, Feder und Aquarell, 37,1 x 52,7 cm, bez. HELL Canto 17
Melbourne, National Gallery of Victoria

Damit die Wanderer ihre Reise fortsetzen können, bedürfen sie der Hilfe von Geryon. Das furchterregende Tier, das die ganze Welt mit seinem Gestank verpestet, ist der Hüter des achten Höllenkreises. Als Dante von den Wucherern zurückkehrt, sitzt Vergil bereits auf dem Rücken Geryons. Nur widerstrebend folgt Dante seinem Führer. Die Komposition wird von dem im Text genau beschriebenen Untier beherrscht, dessen Schwanzspitze wie bei einem Skorpion mit einem Stachel bewehrt ist. Die Beschreibung des vielfarbigen Schuppenkleides ist besonders detailliert und bedient sich des Vergleichs mit der berühmten Weberin Arachne und den farbenreichen Stoffen von Tataren und Türken. Eng umschlungen sitzen Dante und Vergil auf dem Rücken Geryons und fahren zu den lodernden Flammen der Malebolge hinab.

HELL Canto 17

... so sah ich, wie gehörnte Dämonen
vom düsteren Felsen aus sie bald hier, bald dort
mit großen Geißeln erbarmungslos voranpeitschten.

INFERNO XVIII, 34–36

INFERNO XVIII, 1–39, 82–99

Teufel quälen Kuppler und Verführer in der Malebolge

Stift, Feder und Aquarell, 37,1 x 52,8 cm, bez. HELL Canto 18
Cambridge, Mass., Fogg Art Museum, Harvard University Art Museums

Der achte Höllenkreis ist rund und ganz aus Stein. Er umfasst insgesamt zehn konzentrisch umlaufende, gemauerte Gräben, in denen jeweils spezifische Gruppen von Sündern ihre Strafen erleiden. Über die einzelnen Gräben führen Brücken hinweg ins Zentrum des sich zur Mitte hin absenkenden Höllenkreises. Dort befindet sich ein tiefer Brunnen, der in den letzten Höllenkreis hinabführt. Im ersten Graben werden Kuppler und Verführer von geflügelten Teufeln gepeinigt. Dante und Vergil stehen am Rande des Grabens. Direkt vor ihnen liegt wohl Jason, der einst die Königin Hypsipyle auf Lemnos verführt und geschwängert hatte. Rechts werden nackte Seelen von geflügelten Teufeln ausgepeitscht. Einer der Teufel fliegt auf eine Gruppe von Seelen zu, die links den Rand emporsteigen. Im Hintergrund sind zwei den Graben überspannende Brücken zu sehen, über die weitere Teufel Gruppen von Seelen treiben. Im Text werden zwei Gruppen von Seelen beschrieben, die im Graben in Gegenrichtung aneinander vorbeilaufen, und als Vergleich werden die Pilgerströme des Heiligen Jahres 1300 angeführt, die sich in zwei Kolonnen geordnet über die Engelsbrücke von und nach St. Peter bewegt hatten. Diese Momente sind hier zu einer neuen Narration verbunden, sodass sich nun die beiden sich in Gegenrichtung bewegenden Seelenströme auf den Brücken befinden.

HEL
Canto

HEL
Canto 1

Die Ufer waren mit Sinter bekleckert,
von dem Dunsthauch, der sich von unten dort festsetzt
und Augen wie Nase angreift.

INFERNO XVIII, 106–108

INFERNO XVIII, 100–136

Dante und Vergil betrachten
den Graben der Schmeichler

Stift, Feder, Kreide und Aquarell, 37 x 52,8 cm, sig. WB, bez. HELL Canto 18
Cambridge, Mass., Fogg Art Museum, Harvard University Art Museums

Von der über den zweiten Graben gespannten Brücke betrachten die beiden Wanderer die
in Gülle schwimmenden Schmeichler. Die Ränder des Grabens sind mit Schimmel überzogen,
furchtbarer Gestank steigt auf. Im Zentrum der Brücke stehen Dante und Vergil und halten sich
die Nase zu. Dunkle Schwaden steigen auf. Ein junger Mann taucht mit erhobenen Armen halb
aus den stinkenden Fluten auf. Erst bei näherem Hinsehen erkennt Dante in ihm den aus Lucca
stammenden Alessio Interminei. Rechts ist die berühmte Athener Hure Thais zu erkennen, die den
stinkenden Fluten wie eine Venus Anadyomene entsteigt.

HELL
Canto 19

„Gold und Silber habt ihr euch zum Gott gemacht.
Was unterscheidet euch denn von den Götzendienern,
außer dass die nur einen anbeten, ihr aber hunderte!"

INFERNO XIX, 112–114

INFERNO XIX, 31–120

Der simonistische Papst

Feder und Aquarell, 52,7 x 36,8 cm, sig. WB, bez. HELL Canto 19
London, Tate Collection

Der dritte Graben ist den Simonisten vorbehalten, denjenigen also, die geistliche Ämter und Würden gegen Geld erwerben oder verkaufen. An den Wänden und auf dem Boden des dritten Grabens befinden sich große Löcher, die ähnlich wie ein Taufbecken gestaltet sind. In jedem steckt kopfüber ein Simonist, sodass nur die Beine mit den brennenden Fußsohlen herausragen. Dante erblickt unter den Gepeinigten einen, der besonders heftig vor Schmerz zu zucken scheint, und fragt, wer dieser sei. Daraufhin trägt Vergil den Gefährten die steile Böschung des Grabens hinunter. Der Gepeinigte gibt sich schließlich als Papst Nikolaus III. zu erkennen und fügt hinzu, dass ihm schon bald Bonifaz VIII. und Clemens V. hierher folgen würden. Daran schließt sich eine äußerst scharf formulierte, grundsätzliche Kritik an den simonistischen Praktiken der Päpste an. Vergil hält den Gefährten mit beiden Armen umschlungen und hat eben das Innere einer Höhle betreten. Düsteres Licht und dunkle, blau-schwarze Schatten bestimmen den Raum. Im Vordergrund ist der Schacht zu erkennen, in dem kopfüber die Seele Nikolaus' III. steckt. Deutlich sind die brennenden Füße des Verdammten akzentuiert.

HELL Canto 20

Und da sah ich Leute durch den runden Graben kommen,
schweigend und in Tränen,
im Schritt der Prozessionen in der Oberwelt.

INFERNO XX, 7–9

INFERNO XX, 4–57

Die Magier und Wahrsager

Stift, Feder und Aquarell, 52,7 x 37,2 cm, bez. HELL Canto 20
Melbourne, National Gallery of Victoria

Im vierten Graben sind Magier und Wahrsager zu Hause. Ihre größte Strafe besteht darin, dass ihre Köpfe nach hinten verdreht sind. Sie müssen rückwärts gehen, da ihnen der Blick nach vorne verwehrt ist. Dante ist über diese Entstellung entsetzt, doch mahnt ihn Vergil, dass Mitleid mit diesen schweren Sündern, die das Urteil Gottes für beeinflussbar hielten, nicht am Platze sei. Die beiden Wanderer blicken von der Brücke hinunter, die hier die Gestalt einer luftigen Wolkenkonfiguration angenommen hat. Die Seelen ziehen, genau wie im Text beschrieben, in prozessionsartiger Reihe vorbei. Es sind drei männliche und eine weibliche Gestalt, die sich mit den im Text näher behandelten berühmten antiken Wahrsagern identifizieren lassen: Amphiaraos, Teiresias und Aruns sowie Manto, nach der später Vergils Geburtsstadt Mantua benannt wurde.

HELL Canto 21

Auf seiner Schulter, die oben ganz spitz zulief,
lag mit beiden Hüften ein Sünder,
dem er vorne die Fußfesseln zusammenkrallte.

INFERNO XXI, 34–36

INFERNO XXI, 7–45

Ein Teufel trägt den Luccheser Magistrat zum Graben der korrupten öffentlichen Funktionsträger

Stift, Feder und Aquarell, 52,8 x 37 cm, bez. HELL Canto 21
Melbourne, National Gallery of Victoria

Der fünfte Graben ist mit schwarzem Pech angefüllt und den korrupten öffentlichen Funktionsträgern vorbehalten. Während Dante in den dunklen Grund blickt, der ihn an das in venezianischen Werften verwendete Pech und ihre winterlichen Ausbesserungsarbeiten erinnert, kommt plötzlich auf einer Klippe über dem Graben ein geflügelter schwarzer Teufel heran und bringt einen Magistrat aus Lucca. Er befiehlt den Teufeln unten im Graben, sich um den Neuankömmling zu kümmern, und kündigt an, ihnen noch viele weitere Sünder aus der korrupten toskanischen Stadt zu bringen. Dante und Vergil stehen links im Hintergrund. Auf der in der Bildmitte vorspringenden Klippe ist eben der geflügelte Teufel gelandet. Dem Atlas gleich trägt er den zusammengekauerten Magistrat auf dem Rücken. Unterhalb knien zwei weitere Teufel, die, mit einem Haken bewehrt, erwartungsvoll nach oben blicken.

HELL Canto 18

Nicht anders lassen die Köche ihre Gehilfen
das Fleisch mit den Gabeln im Kochkessel hinunterdrücken,
damit es nicht oben schwimmt.

INFERNO XXI, 55–57

INFERNO XXI, 46–57

Die Teufel unter der Brücke

Stift, Feder und Aquarell, 37,2 x 52,7 cm, bez. HELL Canto 18
Melbourne, National Gallery of Victoria

Nachdem der Teufel den Luccheser Magistrat von oben in den Graben geworfen hat, ist dieser im Pech untergegangen und dann wieder aufgetaucht. Die unter der Brücke stehenden Teufel rufen ihn an und drücken ihn mit ihren Haken wieder nach unten. Die Zeichnung ist fälschlich mit „Canto 18" bezeichnet und in ihrer Darstellung nicht ganz eindeutig auf den Text zu beziehen. Im Vordergrund erhebt sich ein steinerner Brückenbogen, der, anders als im Text beschrieben, zum Teil aus menschlichen Körpern gebildet ist. Unter dem Bogen steht eine Gruppe von Teufeln. Die drei Teufel ganz rechts wirken ziemlich unbeteiligt und erinnern in ihrer Umarmung und mit den übergeschlagenen Beinen an antike Skulpturengruppen wie die drei Grazien oder die Ildefonsogruppe. Daneben erscheint als Rückenfigur ein weiterer Teufel, der mit seinem Haken die Seele des aufgetauchten Magistrats nach unten drückt. Im Hintergrund wird eine zweite Brücke sichtbar, über die eine mit Peitschen bewaffnete Gruppe von Teufeln Sünder auf die andere Seite treibt. Am linken Bildrand erkennt man am gegenüberliegenden Ufer die winzigen Gestalten von Dante und Vergil.

HELL Canto 18

„Glaubst du wohl, Schurkenschwanz", sprach da mein Meister,
„ich sei trotz aller eurer Gegenwehr
unangefochten hierher gelangt
ohne göttliche Fügung und günstiges Geschick?"

INFERNO XXI, 79–82

INFERNO XXI, 58–87

Vergil bringt die Teufel in Verlegenheit

Stift, Feder, Kreide und Aquarell, 36,6 x 52 cm, bez. HELL Canto 21
London, The British Museum

Die beiden Wanderer müssen eine weitere Brücke überqueren und stoßen auf eine Gruppe von Teufeln. Dante versteckt sich hinter einem Felsen, während Vergil alleine zu den Teufeln hinübergeht. Als diese sich wütend auf ihn stürzen, verlangt er, mit einem von ihnen zu sprechen. Die Teufel schicken als Anführer Malacoda vor. Als Vergil ihm erläutert, dass er und sein Gefährte auf himmlisches Geheiß hin unterwegs seien, lässt dieser sofort seinen Haken fallen und befiehlt einigen seiner Kumpane, die beiden Wanderer bis zur nächsten Brücke zu geleiten. Im Zentrum der Komposition thront der gehörnte Malacoda, der in seinem Bewegungsmotiv deutlich an Laokoon erinnert. Direkt vor ihm steht Vergil und deutet mit seiner nach oben zeigenden Linken auf den göttlichen Ursprung ihrer Reise. Malacodas grimmiger Ausdruck verweist noch auf die Bedrohung der Wanderer, während er mit der Geste seines rechten Armes bereits die Argumentation Vergils nachzuvollziehen scheint und seinen Haken zu Boden hat fallen lassen. Hinter Vergil steht dicht gedrängt eine Gruppe von Teufeln, während Dante im Schutz des Felsens ängstlich das Geschehen verfolgt.

HELL Canto 21

„Wo du doch sonst so umsichtig bist,
hast du nicht bemerkt, wie sie die Zähne fletschen
und sich zuzwinkern? Uns droht Unheil!"

INFERNO XXI, 130–132

INFERNO XXI, 91–139

Dante und Vergil brechen mit den Teufeln auf

Stift, Feder und Aquarell, 37,2 x 52,8 cm, bez. HELL Canto 21
Melbourne, National Gallery of Victoria

Malacoda hat zehn seiner Kumpane abgeordnet, Dante und Vergil auf ihrem Weg zur nächsten Brücke zu begleiten. Barbariccia soll die Gruppe anführen. Doch Dante hat Sorge, sich den zähnefletschenden Teufeln anzuvertrauen. Einer antiken Reliefkomposition gleich sind die Figuren in vorderster Bildebene aufgereiht. Links steht dicht gedrängt eine Gruppe von Teufeln, von denen sich durch seine großen Hauer allein Ciriatto identifizieren lässt. Dann folgen Dante und Vergil. Ganz rechts steht der gehörnte Anführer Barbariccia mit einem Stab in der Linken. Er hat sich zu seinen Kumpanen umgewendet und bedeutet ihnen mit der rechten Hand, ihm zu folgen. In ihrer komplexen Torsion erinnert die Figur an den berühmten von Alessandro Algardi restaurierten Fackelträger der Sammlung Ludovisi. Die plastisch modellierten, zum Teil mit rötlichem Inkarnat charakterisierten Teufel machen die physische Bedrohung der beiden grazilen Gestalten in ihrer Mitte anschaulich.

HELL
Canto 21

So gingen wir denn mit den zehn Dämonen.
Oh, der wilde Haufen! Und doch gilt:
In der Kirche mit den Heiligen, im Wirtshaus mit den Zechern.

INFERNO XXII, 13–15

INFERNO XXII, 13–30

Die Teufel mit Dante und Vergil
am Ufer des Grabens

Stift, Feder und Aquarell, 37,2 x 52,7 cm, bez. HELL Canto 22
London, Tate Collection

In Begleitung ihrer teuflischen Eskorte schlagen Dante und Vergil den Weg entlang des mit kochendem Pech gefüllten fünften Grabens ein. Gelegentlich taucht eine der unglücklichen Seelen auf, um im Anblick der Teufel sogleich wieder unterzutauchen. Die nur skizzenhaft angelegte Gruppe der beiden Wanderer und ihrer Begleiter steht links vorne am Ufer. Rechts sind schemenhaft einige nur eben aufgetauchte Seelen zu erkennen. Der Blick öffnet sich auf die pechschwarzen Fluten, über die insgesamt vier Brücken gespannt sind. Der unwirklich anmutende Raum erinnert an manche Architektur-Capriccios von Giovanni Battista Piranesi.

HELL Canto 22.

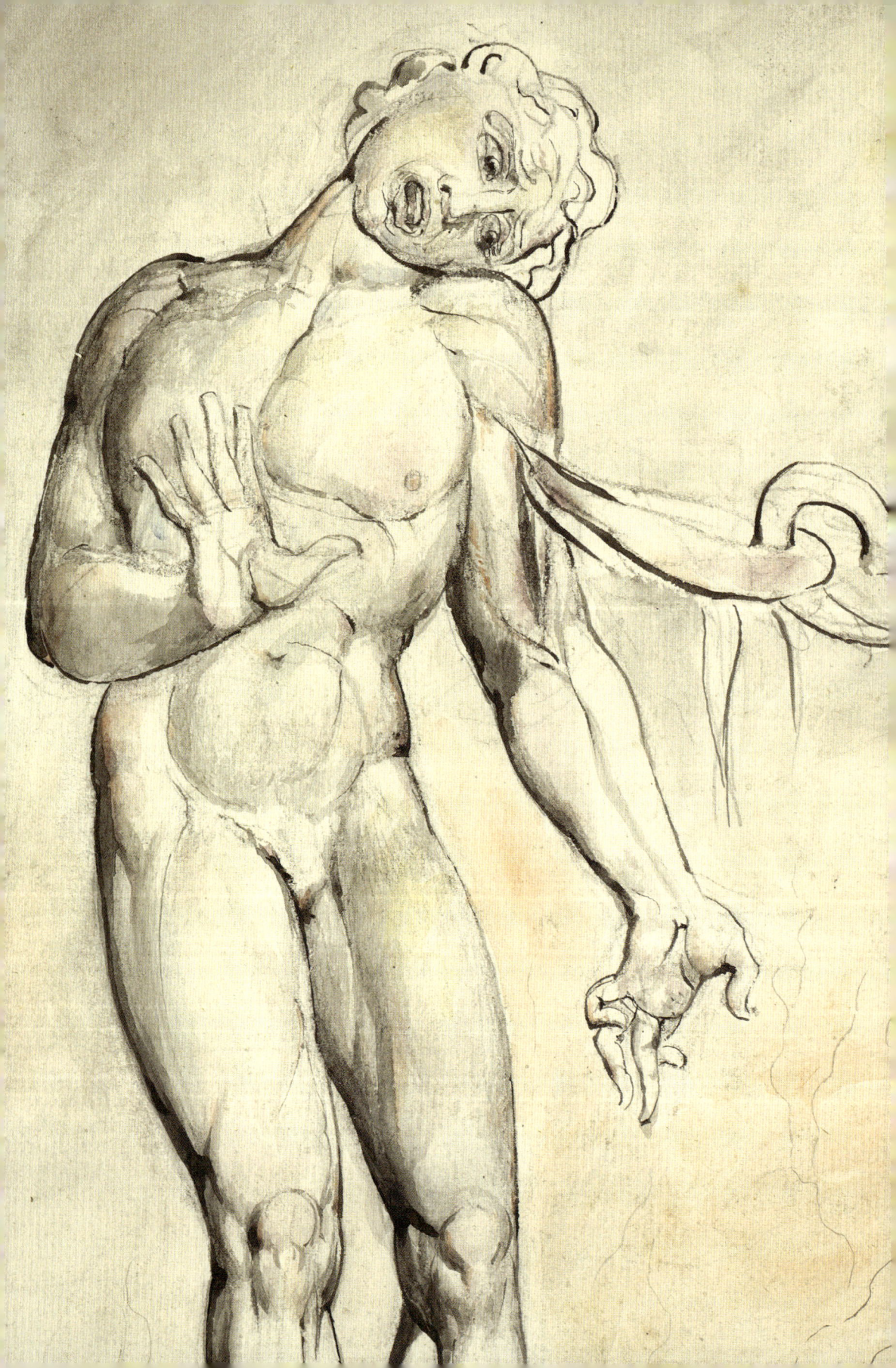

Geilkocker kam dazwischen: „Zuviel Geduld schon!"
schrie er und schlug ihm so die Gabel in den Arm,
dass sie – ratsch – ein Stück aus dem Fleisch riss.

INFERNO XXII, 70–72

INFERNO XXII, 31–75

Der Betrüger Ciampolo wird
von den Teufeln gepeinigt

Stift und Aquarell, 32 x 52,5 cm, bez. HELL Canto 22
Cambridge, Mass., Fogg Art Museum, Harvard University Art Museums

Eine der verdammten Seelen taucht nicht rechtzeitig unter und wird von Graffiacane, einem der Teufel, mit seinem Haken herausgeholt. Sofort stürzen sich auch die anderen Teufel auf ihn. Dante und Vergil fragen den Unglücklichen, woher er komme. Es ist Ciampolo aus dem Königreich Navarra. Als er später an den Hof des Königs Tebaldo ging, begann er dort, Schmiergelder anzunehmen. Nach dieser kurzen Unterhaltung fallen wieder die Teufel über ihn her. In der Zeichnung ist eine Szene herausgegriffen. Rechts sitzen drei der Teufel auf einem Felsblock am Ufer. Der mittlere, Libicocco, reißt Ciampolo mit seiner Sichel ein Stück Fleisch aus dem Arm, während seine Kumpane lachend zuschauen. Der ganz vorne sitzende Teufel mit dem Schwert ist wohl Draghignazzo, der ihm als Nächstes einen Hieb auf die Beine versetzen will. Über der Dreiergruppe, nur in Bleistift angelegt, ist noch ein vierter Teufel zu erkennen, der aufgrund seiner mächtigen Hauer als Ciriatto zu identifizieren ist.

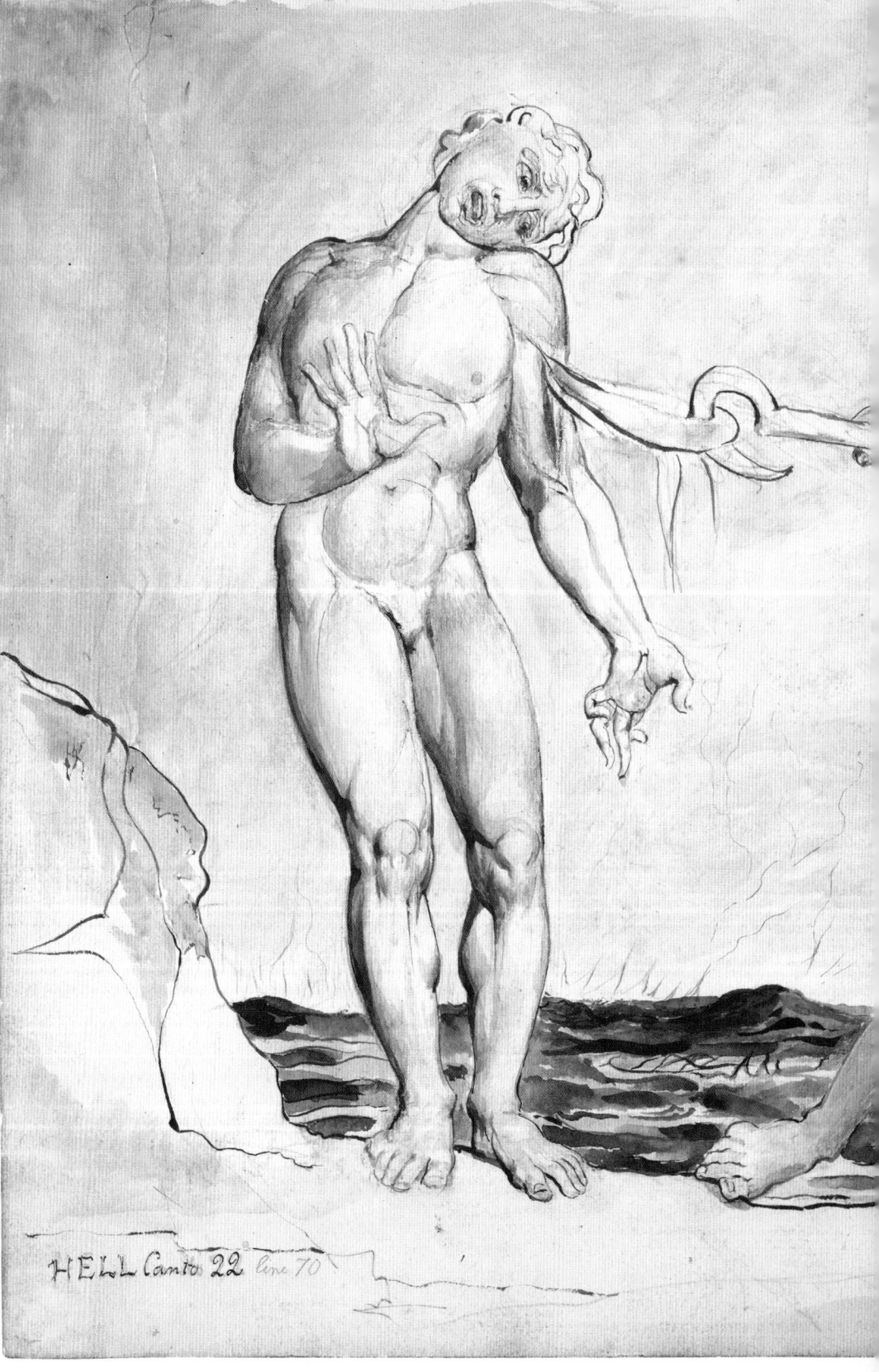

HELL Canto 22 line 70

Und kaum war der Gauner verschwunden,
da wandte er auch schon die Klauen gegen seinen Kumpan
und verkrallte sich in ihn über dem Graben.

INFERNO XXII, 136–138

INFERNO XXII, 118–144

Der Kampf der betrogenen Teufel

Stift, Feder und Aquarell, 36 x 51,9 cm
Birmingham Museums and Art Gallery

Ciampolo ersinnt eine List, um den Teufeln zu entkommen. Er bietet an, sieben toskanische und lombardische Seelen herbeizurufen, und bittet die Teufel, so weit zurückzutreten, dass sie vom Ufer aus nicht zu sehen sind. Einer der Teufel, Cagnazzo, wittert den Betrug, aber ein anderer, Alichin, überzeugt die Kumpane. Kaum haben sich die Teufel ein wenig entfernt, stürzt sich Ciampolo zurück in die Pechfluten. Sofort fliegt Alichin hinter ihm her, doch ohne den bereits Untergetauchten zu erhaschen. Wütend folgt ihm ein weiterer Teufel, Calcabrina mit Namen, und verwickelte Alichin in einen wilden Kampf. Dargestellt ist im Vordergrund der dramatische Höhepunkt des Geschehens. Die beiden kraftvoll modellierten Teufel schweben über dem kochenden Pech und gehen mit scharfen Krallen aufeinander los. Vom Ufer aus beobachten Barbariccia und seine Kumpane den Kampf. Im nächsten Moment werden die beiden Streithähne in den Graben fallen und sich mit ihren pechverklebten Flügeln nicht mehr befreien können.

HELL *Canto 23*

... wie mein Meister über diesen Felsensaum hinabglitt,
mich dabei auf der Brust tragend
wie seinen Sohn, nicht wie einen Gefährten.

INFERNO XXIII, 49–51

INFERNO XXIII, 34–57

Dante und Vergil entkommen den Teufeln

Stift, Feder, Kreide und Aquarell, 52,5 x 37 cm, bez. HELL Canto 23
Cambridge, Mass., Fogg Art Museum, Harvard University Art Museums

Während die Teufel ihren Kumpanen Alichin und Calcabrina zu Hilfe eilen, setzen Dante und Vergil unbemerkt ihren Weg zum nächsten Graben alleine fort. Doch schon bald nehmen die wütenden Teufel die Verfolgung auf. Vergil ergreift den Gefährten und rutscht mit ihm in waghalsiger Geschwindigkeit die steile Böschung zum sechsten Graben hinunter. Dort können ihnen die Teufel nichts mehr anhaben. Vergil hat Dante wie einen Sohn fest an seine Brust gedrückt, um den Verfolgern zu enteilen. Sie haben eben den rettenden Boden des Grabens erreicht, während direkt oberhalb der Brücke die aufgebrachten, mit Haken bewehrten Teufel heranfliegen.

Sie hatten Mäntel mit Kapuzen,
die tief über die Augen hingen, mit dem Schnitt,
wie er in Cluny für die Mönche gemacht wird.

INFERNO XXIII, 61–63

INFERNO XXIII, 58–141

Die Heuchler steigen über Kaiphas hinweg

Stift, Feder und Aquarell, 37,3 x 52,7 cm, bez. HELL Canto 23
London, Tate Collection

Der sechste Graben des achten Höllenkreises ist für die Heuchler bestimmt. Sie sind dazu verdammt, schwere Bleikutten zu tragen, die von außen in goldener Farbe erstrahlen. Besonders schwere Strafen müssen der Hohepriester Kaiphas, sein Schwiegervater Annas und die anderen Mitgliedern des Hohen Rates, die einst Christus zum Tode verurteilt hatten, erdulden. Sie werden mit Pflöcken auf dem Weg festgenagelt und müssen das Gewicht der über sie hinwegsteigenden Heuchler in ihren Bleikutten ertragen. Im Zentrum der Komposition liegt Kaiphas wie ein Gekreuzigter am Boden. Eine unendliche Reihe von Heuchlern zieht gesenkten Hauptes über ihn hinweg. Ihre Kutten ähneln jenen der Mönche von Cluny, wie schon der Text betont. Wie viele Heuchler es genau sind, entzieht sich unseren Blicken, da die Prozession immer wieder hinter den Bergzügen verschwindet. Ganz rechts stehen Dante und Vergil ins Gespräch vertieft. Die am oberen Bildrand erscheinenden fliegenden Teufel verweisen darauf, dass Vergil im Gespräch mit einer der verdammten Seelen, dem Bettelmönch Catalano, erfährt, dass alle Brücken zum nächsten Graben zerstört sind, anders als der Teufel Malacoda es ihnen im fünften Graben versprochen hatte.

HELL Canto 23

Und wie einer, der handelt und zugleich überlegt,
so dass er ständig nach vorn zu schauen scheint, so hatte er,
während er mich noch auf die Spitze eines Felsenvorsprungs hob,
schon ein weiteres Bruchstück im Blick ...

INFERNO XXIV, 25–28

INFERNO XXIV, 16–36

Der mühsame Weg über die Felsen

Stift und Aquarell, 51,9 x 36,7 cm, bez. Hell Canto 24
London, The British Museum

Vergil erkundigt sich bei Catalano, welchen Weg sie einschlagen müssten, um in den nächsten Graben zu gelangen. Dieser rät den beiden Wanderern, über die Trümmer der Brücke hinaufzuklettern. Nur unter größter Mühe und mit tatkräftiger Hilfe seines Führers gelingt es Dante, den steilen Abhang zu erklimmen. Die Komposition ist sehr flüchtig angelegt. Zyklopenhaft türmen sich die Trümmer auf, einzelne dunkle Schatten unterstreichen die Bedrohlichkeit der Situation. Nur schemenhaft sind im Zentrum der fast abstrakt wirkenden Komposition die beiden Wanderer angedeutet.

Nachdem er erst die Zerstörung genau angesehen hatte
und mit sich zu Rate gegangen war,
streckte er die Arme aus und fasste mich fest an.

INFERNO XXIV, 22–24

INFERNO XXIV, 16–36
Der mühsame Aufstieg über die Felsen

Stift, Feder und Aquarell, 37,3 x 52,7 cm, bez. hell Canto 24
London, Tate Collection

Die Episode des vorherigen Blattes ist hier nun gänzlich anders konzipiert. Wir blicken aus dem Graben auf die zerstörte Brücke, deren intakte linke Seite wie ein gewaltiger Sporn bedrohlich über den Graben ragt. Auf der rechten Seite steigen die beiden Wanderer den Abhang empor. Vergil steht auf einem kleinen Absatz und scheint dem Gefährten darunter genaue Anweisung zu geben, wo er Halt finden kann. Auf dem noch stehenden Teil der Brücke sind undeutlich zwei weitere, jetzt von Wolken überdeckte Figuren erkennbar. Wahrscheinlich hatte Blake zunächst geplant, die beiden Wanderer von oben in den unüberwindlichen Abgrund starren zu lassen.

ELL Canto 24

In diesem fürchterlichen, bösartigen Gewimmel
liefen Leute umher, nackt und verschreckt,
ohne Hoffnung auf ein Schlupfloch oder einen Heliotrop:
Mit Schlangen hatte man ihnen die Hände auf den Rücken gebunden ...

INFERNO XXIV, 91–94

INFERNO XXIV, 79–96

Die Räuber und die Schlangen

Stift, Feder, Kreide und Aquarell, 37,2 x 52,8 cm, bez. HELL Canto 24
Melbourne, National Gallery of Victoria

Die Wanderer sind am siebten Graben des achten Höllenkreises angelangt, der den betrügerischen Räubern und Dieben vorbehalten ist. Dante bittet seinen Führer, ihn auf den Grund des Grabens zu begleiten. Dort sehen sie ein schreckliches Gewühl von giftigen Schlangen, deren unermessliche Zahl jene in der Libyschen Wüste, in Äthiopien und dem Land jenseits des Roten Meeres zusammen noch übertrifft. Die nackten Seelen sind den Schlangen schutzlos ausgeliefert, ihre Hände sind auf dem Rücken mit Schlangen zusammengebunden. In dem von riesenhaften Flammen lodernden Graben sind in vorderster Bildebene zwei weibliche und drei männliche Seelen angeordnet. Ohne dass ein wirklich narrativer Zusammenhang erkennbar wäre, fügen sich die kraftvoll modellierten, wie belebte Statuen wirkenden Figuren zu einem rhythmischen Ganzen. Besonders die Figur ganz rechts erinnert an tanzende Mänaden griechischer Vasen. Am oberen Rand des Grabens ist nur skizzenhaft angedeutet ein Teufel zu erkennen, der eine weitere verdammte Seele hinabwirft.

HELL Canto 24

Und da sah ich doch dort drinnen einen Haufen Schlangen,
so schauerlich und unheimlich,
dass die Erinnerung mir noch jetzt das Blut vergiftet.

INFERNO XXIV, 82–84

INFERNO XXIV, 79–96

Die Bestrafung der Räuber

Stift, Feder und Aquarell, 37,2 x 52,7 cm
London, Tate Collection

Es scheint sich um die Darstellung derselben Episode wie im vorangehenden Blatt zu handeln. Die gepeinigten Seelen sind noch näher an den Betrachter gerückt. Das dichte Gewebe nackter Körper bedeckt fast den gesamten Bildgrund. Auf den ersten Blick sind nur weibliche Figuren dargestellt; damit scheint der Sündenfall Evas evoziert, die einst den verbotenen Apfel gepflückt hatte. Erst bei genauerem Hinsehen ist die dritte Figur von links als männlich zu erkennen. Die in Blau- und Grautönen modellierten Figuren sind von erstaunlicher Modernität und von fast skulpturaler Präsenz. Besonders die sitzende Gestalt vorne links scheint Formulierungen von Pablo Picasso und Henry Moore vorwegzunehmen.

Und da: Auf einen, der nicht weit von uns stand,
schoss eine Schlange zu und durchbohrte ihn
an der Stelle zwischen Hals und Schultern.

INFERNO XXIV, 97–99

INFERNO XXIV, 97–126

Die Schlangen greifen Vanni Fucci an

Stift, Feder, Kreide und Aquarell, 36,5 x 52 cm, bez. HELL Canto 24
London, The British Museum

Im siebten Graben sehen die beiden Wanderer plötzlich einen Mann, den eine Schlange zwischen Hals und Schulter durchbohrt. Es ist der aus Pistoia stammende Vanni Fucci, der einst den Kirchenschatz aus der Jakobuskapelle des Domes von San Zeno gestohlen und dann die Schuld einem anderen untergeschoben hatte. Von der Schlange durchbohrt, fängt der Übeltäter Feuer und verbrennt in kürzester Zeit zu Asche. Kaum am Boden zerstoben, ersteht er wie Phönix aus der Asche neu. Im Zentrum der Komposition wird Vanni Fucci von einer Schlange im Nacken attackiert. Die merkwürdig instabile, an den Diskobol des Myron erinnernde Körperhaltung veranschaulicht seinen im Text beschriebenen schwindelartigen Zustand. Darin kommt die kaum darstellbare, in kürzester Zeit durchlaufene radikale Metamorphose des Übeltäters zur Anschauung, dessen Körper zu Asche verbrennt und sich sofort wieder neu konstituiert.

HELL Canto 24

Am Ende seiner Worte hob der Kirchenräuber die Arme,
machte in beiden Händen die Feige und schrie:
„Da, nimm, Gott, für dich mach ich doch das Quadrat!"

INFERNO XXV, 1–3

INFERNO XXV, 1–15

Vanni Fucci verhöhnt Gott
mit dem Zeichen der „Feige"

Stift, Feder und Aquarell, 52,8 x 37,2 cm, bez. HELL Canto 25
Melbourne, National Gallery of Victoria

Nachdem Vanni Fucci den beiden Wanderern seine Geschichte erzählt hat, prophezeit er Dante in dunklen Worten seine Vertreibung aus Florenz. Dann verhöhnt er Gott mit dem obszönen Gestus der „Feige", mit dem Daumen zwischen Zeige- und Mittelfinger. Daraufhin stürzen sich die Schlangen auf ihn. Eine schnürt den Hals ab, um ihn am Sprechen zu hindern, eine andere umwindet seine Arme, sodass er sich nicht mehr bewegen kann. Dante bekennt, auf seiner ganzen Höllenwanderung keinen so gotteslästerlichen Menschen getroffen zu haben. Die kraftvoll modellierte, athletische Gestalt des lügnerischen Diebes aus Pistoia reckt die Arme himmelwärts und verhöhnt Gott mit seiner blasphemischen Geste. Die Schlangen haben bereits Hals und Arm umschlungen, um dem gotteslästerlichen Treiben ein Ende zu bereiten. Die pechschwarzen Wolken und die daraus züngelnden Blitze und Flammen veranschaulichen göttlichen Zorn und Bestrafung. Dante und Vergil starren mit entsetzt erhobenen Armen auf den wie versteinert wirkenden neuen *Laokoon.*

Auf seinen Schultern, hinter dem Nacken,
liegt mit gespreizten Flügeln ein Drache;
sein Feuerhauch fährt jeden an, der ihm in die Quere kommt.

INFERNO XXV, 22–24

INFERNO XXV, 16–33

Der Kentaur Cacus

Stift, Feder, Kreide und Aquarell, 36,7 x 51,7 cm, bez. HELL Canto 25
London, The British Museum

Kaum ist Vanni Fucci verschwunden, kommt wutschnaubend der Kentaur Cacus heran und ruft nach dem Gotteslästerer. Das furchterregende Mischwesen, halb Mensch, halb Pferd, ist mit erhobenen Vorderhufen und weit ausgebreiteten Armen herangestürmt und füllt fast den gesamten Bildraum. Sein Körper ist von zahllosen Schlangen umwunden, und in seinem Nacken sitzt mit ausgebreiteten Flügeln, genau wie es der Text beschreibt, ein feuerspeiender Drache. Die Figur des Kentauren ist von eindrucksvoller Präsenz, wenngleich die Zeichnung nur leicht aquarelliert ist und fast ohne Farbakzente auskommt.

HELL Canto 25

Mit den Mittelfüßen umschlang es ihm den Bauch,
mit den Vorderfüßen packte es ihn an den Armen,
dann schlug es ihm die Zähne in die eine und die andere Wange …

INFERNO XXV, 52–54

INFERNO XXV, 46–60

Eine sechsfüßige Schlange
greift Agnolo Brunelleschi an

Feder, Kreide und Aquarell, 37,2 x 52,7 cm, bez. HELL Canto 25
Melbourne, National Gallery of Victoria

Wenig später sehen die beiden Wanderer drei weitere Seelen herankommen. Es sind die aus Florenz stammenden berüchtigten Diebe Agnolo Brunelleschi, Buoso Donati und Puccio Sciancato. Der erste wird von einer sechsfüßigen Schlange angegriffen und so fest umklammert, dass beide zu verschmelzen scheinen. Dante und Vergil stehen leicht erhöht am linken Bildrand. Die frontal dargestellte Figur Brunelleschis ist leicht in die Knie gesunken und wird von einer gewaltigen, fast drachenartigen Schlange von hinten umklammert. Rechts stehen die beiden anderen Diebe und blicken entsetzt auf das Geschehen. In der Darstellung der zentralen Gruppe ist die ungemein plastische Beschreibung der Verklammerung der beiden Körper fast wörtlich umgesetzt.

HELL Canto 25

Schon waren die beiden Köpfe zu einem geworden,
als noch einmal zwei Gestalten mit ein und demselben Gesicht erschienen,
und es waren doch zwei Verlorene.

INFERNO XXV, 70–72

INFERNO XXV, 61–78

Agnolo Brunelleschi und die Schlange
verschmelzen zu einem Zwitterwesen

Stift, Feder, Kreide und Aquarell, 37 x 52,5 cm, bez. HELL Canto 25
Cambridge, Mass., Fogg Art Museum, Harvard University Art Museums

Mit immer neuen Metaphern beschreibt der Text die ebenso radikale wie staunenswerte Transformation des Angelo Brunelleschi, bei der Mensch und Schlange verschmelzen. Im Zentrum des von Schlangen bevölkerten Grabens steht das monströse Zwitterwesen. Seine schwankende Haltung mit dem ekstatisch zurückgeworfenen Kopf veranschaulicht, dass die Metamorphose noch in vollem Gange ist. Die schlangenhaften Züge, die Krallen, der lange Schwanz und die zackenartigen Flügel sind deutlich erkennbar, und vor allem am Kopf sind menschliche und tierische Züge unauflöslich verschmolzen.

HELL Canto 25

Der so Angebohrte sah darauf, doch sagte nichts;
blieb vielmehr stehen und gähnte,
als hätte ihn Schlaf oder Fieber befallen.

INFERNO XXV, 88–90

INFERNO XXV, 79–93

Die Schlangen greifen Buoso Donati an

Stift, Feder und Aquarell, 37,2 x 52,7 cm, bez. HELL Canto 25
London, Tate Collection

Nun greift eine Schlange, in deren Gestalt sich der Dieb Francesco de' Cavalcanti verbirgt, Buoso Donati an und durchbohrt seinen Nabel. Anschließend fällt das Reptil ermattet zu Boden, Rauch steigt aus seinem Maul und aus der Wunde des Opfers auf. Die kraftvoll modellierte Gestalt Donatis steht am rechten Bildrand und starrt schmerzerfüllt auf die bereits am Boden liegende Schlange. Dante und Vergil blicken gemeinsam mit der noch verbliebenen Seele von Puccio Sciancato auf das Geschehen, das sich vor einer Kulisse hoch auflodernder Flammen ereignet und in ein unwirkliches, von Blau- und Rottönen bestimmtes Licht getaucht ist.

So sah ich, wie der Abschaum im siebten Graben sich wandelte
und verwandelte; und es möge die Neuheit mich entschuldigen,
wenn die Feder hierbei ein bisschen gepfuscht hat.

INFERNO XXV, 142–144

INFERNO XXV, 94–144

Buoso Donati verwandelt sich in eine Schlange,
während Francesco de' Cavalcanti
erneut menschliche Gestalt annimmt

Stift, Feder und Aquarell, 37,1 x 52,8 cm
Cambridge, Mass., Fogg Art Museum, Harvard University Art Museums

Die Reihe staunenswerter Metamorphosen reißt nicht ab und wird im Text ausführlich und mit großer sprachlicher Virtuosität beschrieben, mit dem klar formulierten Anspruch, hier die berühmten antiken Metamorphosen bei Lukan und selbst bei Ovid übertroffen zu haben. So verwandeln sich nun die beiden Protagonisten der letzten Szene in die Gestalt ihres Widerpartes, tauschen gleichsam die Rollen. Buoso Donati wird zur Schlange, während Francesco de' Cavalcanti wieder menschliche Gestalt annimmt. In der Zeichnung sind die Metamorphosen wohl eben erst abgeschlossen, wie die erregt erhobenen Arme und der zwischen Staunen und Entsetzen oszillierende Blick Cavalcantis zeigen. Während seine athletische Gestalt ungemein plastisch modelliert ist, hat der Zeichner die Schlange nur in ihren Konturlinien ausgeführt.

HELL
Canto 26

Der Führer sah mich so angespannt und sagte:
„In den Feuern stecken die Seelen;
jede ist von dem umhüllt, was sie auch innerlich verbrennt."

INFERNO XXVI, 46–48

INFERNO XXVI, 25–69

Odysseus und Diomedes sind
in derselben Flamme eingeschlossen

Stift, Feder, Kreide und Aquarell, 52,8 x 37,1 cm, bez. HELL Canto 26
Melbourne, National Gallery of Victoria

Die beiden Wanderer sind am achten Graben des achten Höllenkreises angelangt. Die Seelen der Betrüger sind hier jeweils in eine Flamme eingeschlossen. Als Dante eine Flamme mit zwei Spitzen entdeckt, fragt er Vergil, wer darin stecke, und möchte mit ihnen sprechen. Es sind Odysseus und Diomedes, die hier gemeinsam eingeschlossen sind und ihre Sünden büßen: Sie haben Achill getäuscht und zur Teilnahme am Trojanischen Krieg gezwungen, sie haben das Palladium geraubt und schließlich die List mit dem Trojanischen Pferd ersonnen. Die Komposition wird von der sich hoch über dem Graben wölbenden Brücke beherrscht. Dort stehen die nur skizzenhaft angedeuteten Wanderer und blicken auf die zahllosen von Flammen umschlossenen Seelen hinunter. Direkt vor ihnen schwebt wie eine Seifenblase die durch zwei Hörner ausgezeichnete Flamme, in deren Inneren die Gestalten von Odysseus und Diomedes zu erkennen sind. Die buntfarbige, fließende Aquarellierung verleiht der Darstellung einen fantastischen, fast surrealen Charakter.

„Und alle anderen, die du hier siehst,
haben als Lebende Zwietracht gesät und Spaltung betrieben,
und deswegen sind sie so aufgeschlitzt.“

INFERNO XXVIII, 34–36

INFERNO XXVIII, 22–42

Schismatiker und Stifter von Zwietracht:
Mohammed und Ali

Stift, Feder und Aquarell, 37,3 x 52,7 cm, sig. WB, bez. HELL Canto 28
Melbourne, National Gallery of Victoria

Dante und Vergil sind im neunten Graben angelangt. Diejenigen, die im Leben Zwietracht gesät haben, müssen dies in der Hölle geradezu physisch am eigenen Leib erfahren und werden grausam verstümmelt und gespalten. Sobald ihre Wunden verheilen, werden diese immer wieder von einem Teufel geöffnet, der mit einem Schwert bewaffnet ist. Unter den Verdammten befinden sich auch der Prophet Mohammed und sein Cousin und Schwiegersohn Ali. Am Ufer des in Flammen lodernden Grabens sind reliefartig die Figuren aufgereiht. Ganz rechts steht leicht erhöht im Habitus eines heiligen Michael ein geflügelter Teufel mit seinem drohend erhobenen Schwert. Direkt vor ihm ziehen wie in einer Prozession die verdammten Seelen vorbei. Noch dichter am Betrachter stehen im Zentrum die beiden Wanderer und blicken entsetzt auf Mohammed und Ali. Die Beschreibung des Textes ist hier fast wörtlich umgesetzt. Mohammeds Brust ist bis zu den Lenden hinunter aufgeschlitzt, die Gedärme hängen heraus. Er scheint mit beiden Händen geradezu sein Inneres zu präsentieren. Alis Kopf ist in der Mitte gespalten. Im Hintergrund spannen sich kulissenhaft zwei Brücken über den Graben. Auf der ersten ist der Körper eines Mannes zu erkennen, der seinen Kopf in der Hand trägt. Damit ist auf die anschließende Episode mit Bertran de Born verwiesen.

HELL Canto 28

Er selber diente sich als Leuchte für sich selber,
und sie waren zwei in einem, und er war einer in zweien.
DER es so fügt, DER weiß auch, wie das sein kann.

INFERNO XXVIII, 124–126

INFERNO XXVIII, 103–142

Schismatiker und Stifter von Zwietracht:
Mosca de' Lamberti und Bertran de Born

Feder und Aquarell, 37 x 52,8 cm, sig. WB, bez. HELL Canto 28
Melbourne, National Gallery of Victoria

Unter den Verdammten des neunten Grabens begegnen die Wanderer auch Mosca de' Lamberti, der in Florenz Zwietracht zwischen Guelfen und Ghibellinen gesät hatte, und Bertran de Born, einem provenzalischen Dichter, der den eigenen Sohn gegen Heinrich II. von England aufgebracht hatte. De Born erklärt Dante das Prinzip der Höllenstrafen, wonach die Seelen die furchtbaren Dinge, die sie im Leben angerichtet haben, am eigenen Leib ewig erleiden müssen. Auch hier ist der Text wörtlich und ungemein plastisch umgesetzt. Dante und Vergil blicken auf den links stehenden, von Blutströmen überzogenen Bertran de Born, der ihnen seinen abgeschlagenen Kopf wie ein Medusenhaupt entgegenstreckt, das wie eine Laterne zu leuchten scheint. Hinter den beiden Dichtern reckt Mosca de' Lamberti seine grausam verstümmelten Arme gen Himmel und hat sich bereits zum Gehen gewendet. Am anderen Ufer ist vor der Prozession der vorüberziehenden Seelen der Teufel mit seinem erhobenen Schwert diesmal in Rückenansicht zu sehen. Sein tiefrotes Inkarnat deutet auf die Grausamkeit der Wunden, die er seinen Opfern stets aufs Neue zufügt.

HELL Canto 28

... wie jeder der beiden sich hastig mit den Nägeln kratzte,
unter dem wütenden Juckreiz,
gegen den kein anderes Mittel hilft.

INFERNO XXIX, 79–81

INFERNO XXIX, 40–84

Der Graben der Krankheiten: Die Fälscher

Feder und Aquarell, 37,2 x 52,7 cm, sig. WB, bez. HELL Canto 29 & 30
London, Tate Collection

Die beiden Wanderer haben den zehnten und letzten Graben des achten Höllenkreises erreicht. Furchtbare Klagelaute und ein bestialischer Gestank verfaulender Glieder steigen zu ihnen auf. Hier sind die Fälscher versammelt, die an den schrecklichsten Krankheiten leiden. Darunter befinden sich zwei von den Sienesen auf dem Scheiterhaufen verbrannte Alchimisten, Griffolino aus Arezzo und Capocchio aus Florenz. Dante und Vergil stehen etwas erhöht auf der rechten Seite und halten sich mit ihren Gewandzipfeln die Nasen zu. Am Boden sind zwei Gruppen von dahinsiechenden Seelen zu erkennen. Rechts sitzen Griffolino und Capocchio auf einem Podest, das aus am Boden liegenden Seelen zu bestehen scheint. Sie sind, genau wie im Text beschrieben, aneinander gelehnt und zerkratzen sich mit den wie Krallen wirkenden Nägeln den Rücken. Wegen des rasenden Juckreizes reißen sie sich die Haut wie Schuppen vom Leib. Das macht die rote Färbung plastisch nachvollziehbar. Die Zeichnung ist fälschlich mit „Canto 29 & 30" bezeichnet.

... wie ich es nun bei zwei fahlen, nackten Schatten mit ansehen musste,
die schnappend herumrasten,
gerade wie die Schweine, die aus dem Koben ausbrechen.

INFERNO XXX, 25–27

INFERNO XXX, 22–45

Der Graben der Krankheiten:
Gianni Schicchi und Myrrha

Stift, Feder und Aquarell, 52,8 x 37,1 cm, bez. Hell Canto 30
Melbourne, National Gallery of Victoria

Zu den Fälschern gehören neben den Alchimisten auch die Simulanten. Die beiden Wanderer sehen zwei tollwütige Seelen, die wie zwei rasende Eber auf den Alchimisten Capocchio losstürmen. Es sind Gianni Schicchi und die zyprische Königstochter Myrrha. Der Erste ließ sich dazu bestechen, sich für den verstorbenen Buoso Donati auszugeben und so eine Erbschaft für dessen Neffen Simone Donati zu erschleichen, während Letztere sich verkleidete und ihren Vater Cinira zum Beischlaf bewegte. Dante und Vergil stehen rechts im Vordergrund und blicken zu Capocchio empor, der auf der Brücke von den mit Eberköpfen versehenen Seelen angegriffen wird. Gianni Schicchi hat ihn mit seinen Hauern im Nacken gepackt und schleift den Unglücklichen über den Boden, sodass sein Bauch aufreißt. Direkt vor den beiden Dichtern liegen weitere von Flammen gepeinigte Seelen im Graben. Vielleicht ist der mit weit geöffnetem Mund rücklings am Boden liegende Mann der im Anschluss erwähnte Geldfälscher, Meister Adamo.

... turmgleich bestückt mit den schauerlichen Halbleibern
der Riesen, denen Jupiter ja noch immer droht,
wenn er vom Himmel donnert.

INFERNO XXXI, 43–45

INFERNO XXXI, 7–45

Die urzeitlichen Giganten sitzen
am Rand des Höllenschlundes

Stift, Feder, Kreide und Aquarell, 37,2 x 52,7 cm, bez. HELL Canto 31
London, Tate Collection

Die beiden Wanderer verlassen den letzten Graben des achten Höllenkreises und nähern sich dem Rand des Höllenschlundes im Zentrum. Im schwachen Licht meint Dante in der Ferne den Zinnenkranz einer Stadt zu erkennen. Erst als sie sich nähern, sieht er, dass es sich tatsächlich um die am Rand des Höllenschlundes sitzenden Giganten handelt. Dante und Vergil stehen als winzige Figuren nur eben angedeutet im Vordergrund und richten den Blick auf fünf turmartig aufragende, vom Rücken her gesehene Giganten, die in den Höllenschlund hinabzublicken scheinen. Die Atmosphäre ist düster und von Nebelschwaden und dunklen Wolken verhangen, Blitze verweisen darauf, dass Jupiter die Giganten einst gestürzt hatte.

HELL Canto 31

HELL Canto 31

Das Gesicht des Giganten schien mir so lang und so breit
wie Sankt Peters Pinienzapfen in Rom,
und im Verhältnis dazu standen auch die übrigen Glieder ...

INFERNO XXXI, 58–60

INFERNO XXXI, 46–81

Die Klage des Giganten Nimrod

Stift, Feder, Kreide und Aquarell, 52,5 x 37 cm, bez. HELL Canto 31
Cambridge, Mass., Fogg Art Museum, Harvard University Art Museums

Als sich die Wanderer den Giganten nähern, sehen sie zuerst den Riesen Nimrod. Der König von Babylon hatte einst den berühmten Turmbau veranlasst und damit die Sprachverwirrung in die Welt gebracht. Dafür ist er nun damit gestraft, dass er sich mit niemandem mehr verständigen kann. Nimrod überragt die nur skizzenhaft ausgeführten Figuren von Dante und Vergil um ein Vielfaches. Er sitzt am Boden, vor dem im Hintergrund angedeuteten Turmstumpf und von einer bedrohlich ins Bild hereinragenden Felsformation überwölbt, und ruft die beiden Dichter mit unverständlichen Worten an. Vergil fordert ihn auf, seinem Zorn und seiner rasenden Leidenschaft mit dem um seinen Hals hängenden Horn Luft zu verschaffen. Hinter den beiden Wanderern sitzt götzenhaft in einer Nische thronend eine Herrscherfigur mit einer Weltkugel. Sie trägt ebenfalls eine Strahlenkrone, und vielleicht ist hier erneut Nimrod gemeint.

Wer der Schmied war, der ihn gefesselt hatte,
kann ich nicht sagen, doch hatte er ihm den einen Arm vorne
und den andern, den rechten, hinten mit einer Kette festgebunden,
die ihn vom Hals nach unten so umschlang ...

INFERNO XXXI, 85–88

INFERNO XXXI, 82–111

Ephialtes und zwei weitere Giganten

Stift, Feder, Kreide und Aquarell, 37,3 x 52,8 cm, bez. HELL Canto 31
Melbourne, National Gallery of Victoria

Die beiden Dichter setzen ihre Wanderung fort und begegnen Ephialtes, einem noch furcht-erregenderen Giganten, der versucht hatte, die Götter vom Olymp zu stürzen. Dafür wurde er von Jupiter bestraft und in Ketten gelegt. Dante und Vergil stehen am linken vorderen Bildrand. Gewaltig ragt der von zwei weiteren Giganten flankierte Ephialtes vor ihnen auf. Er ist, genau wie im Text beschrieben, mit starken Ketten gefesselt, die seinen linken Arm vor dem Körper und seinen rechten Arm hinter dem Körper binden. Als der Gigant sich schüttelt, wird der Boden von einem furchtbaren Beben erschüttert, das im Hintergrund durch die stürzenden Felsbrocken angedeutet ist. Dante ist zu Tode erschrocken.

HELL
Canto 31

Doch er setzte uns unten auf dem Grund,
in dem Luzifer mit Judas steckt, ganz behutsam ab,
verweilte auch nicht lange so gebückt,
sondern richtete sich wieder auf wie der Mastbaum über einem Schiff.

INFERNO XXXI, 142–145

INFERNO XXXI, 112–145

Antaeus setzt Dante und Vergil auf dem Kokytos, im letzten Kreis der Hölle ab

Feder und Aquarell, 52,6 x 37,4 cm, bez. HELL Canto 31
Melbourne, National Gallery of Victoria

Unter den Giganten ist auch Antaeus, der Sohn des Neptun und der Mutter Erde, die ihn stets mit neuen Kräften versorgt. Herkules hatte ihn nur besiegen können, indem er den Kontrahenten von der Erde hob. Antaeus wurde erst nach dem Gigantensturz geboren und ist daher im Unterschied zu seinen Kumpanen nicht gefesselt. Vergil bittet ihn, sie auf dem Kokytos, dem eisigen Sumpf auf dem Grund der Hölle, abzusetzen. Der Gigant klammert sich am Rand des Höllenkraters fest und beugt sich mit halsbrecherischer Akrobatik hinab, um die beiden Wanderer sanft abzusetzen. Dante hält noch angstvoll mit beiden Armen die Hand des Antaeus umschlungen. Der kraftvoll modellierte Körper des Giganten ist bis zum Äußersten gespannt und wird im nächsten Moment, so der Text, wie der gebeugte Mast eines Schiffes zurückschnellen. Sein komplexes Bewegungsmotiv wird durch die ihn kreisförmig umrahmende Wolkenkonfiguration noch betont.

Als ich eine Zeitlang um mich hergesehen hatte,
schaute ich auf meine Füße und gewahrte dort
zweie so eng aneinander, dass sich beider Haar vermischte.

INFERNO XXXII, 40–42

INFERNO XXXII, 22–60

Der Höllenkreis der Verräter:
die Gebrüder Alberti

Stift, Feder, Kreide und Aquarell, 37 x 52,5 cm, bez. HELL Canto 32
Cambridge, Mass., Fogg Art Museum, Harvard University Art Museums

Der unterste Höllenkreis liegt im Mittelpunkt der Erde und ist in vier Zonen geteilt: Caina ist den Verrätern der Verwandten, Antenora den Verrätern des Vaterlandes oder der Partei, Ptolemäa den Verrätern des Vertrauens und Giudecca den Verrätern der eigenen Wohltäter vorbehalten. Die schlimmsten aller Sünder stecken mit klappernden Zähnen im Eis, ihre Tränen gefrieren. Dante und Vergil stehen am linken Bildrand und blicken auf die verdammten Seelen, die mit entstellten Fratzen aus dem ewigen Eis ragen. Einige tragen Kronen, andere sind in mönchsartige Kutten gekleidet. Ganz rechts sitzen die Brüder Alberti, die sich im Streit um das Erbe gegenseitig umgebracht hatten. Ihre nackten Körper sind, ganz wie es der Text beschreibt, so eng aneinandergepresst, dass ihre Haare zu verschmelzen scheinen. Die Brüder, die sich im Streit tödlich entzweit hatten, sind nun auf ewig aneinandergekettet.

HELL Canto 32

... da geschah es – war es Absicht, Fügung oder Zufall?
ich weiß es nicht –, dass ich beim Gehen zwischen den Köpfen
einem davon unsanft gegen das Gesicht trat.

INFERNO XXXII, 76–78

INFERNO XXXII, 73–96

Dante stößt gegen den Kopf von Bocca degli Abati

Stift, Feder und Aquarell, 35,7 x 51,8 cm, bez. HELL Canto 32
Birmingham Museums and Art Gallery

Dante und Vergil erreichen die Antenora, den Ort, an dem die Verräter des Vaterlandes ihr Dasein fristen. Sie gehen zwischen den Köpfen der im Eis eingefrorenen Seelen hindurch, als Dante einer versehentlich ins Gesicht tritt. Es ist Bocca degli Abati, der sich in der Schlacht von Montaperti unter die Guelfen gemischt hatte, deren Fahnenträger die Hand abschlug und damit den Sieg der Ghibellinen einleitete. Dante und Vergil stehen auf der weiten Eisfläche mit den wie schlafend daliegenden, eingefrorenen Verrätern. Auch in den rechts aufsteigenden Berg sind gefrorene Seelen eingeschlossen. Dante ist versehentlich Bocca degli Abati gegen den Kopf getreten. Fluchend und mit weit aufgerissenen Augen beschwert sich dieser, ob Dante damit etwa noch immer Rache für die verlorene Schlacht bei Montaperti üben wolle.

HELL Canto 32

... und wie man aus Hunger am Brot nagt,
so setzte der obere die Zähne am unteren an,
da, wo das Hirn in den Nacken übergeht.

INFERNO XXXII, 127–129

INFERNO XXXII, 97–139

Dante zieht Bocca degli Abati an den Haaren

Stift, Feder und Aquarell, 37,2 x 52,8 cm, bez. HELL Canto 32
Cambridge, Mass., Fogg Art Museum, Harvard University Art Museums

Dante verlangt erregt den Namen des Verräters zu erfahren. Als dieser sich weigert, ihn preiszugeben, reißt er ihn mit Gewalt am Haarschopf. Schließlich verrät ihm eine benachbarte Seele, Buoso da Duero, dass es sich um Bocca degli Abati handelt, und Dante schwört, zu dessen Schande die Wahrheit an den Tag zu bringen, sobald er in die Welt zurückgekehrt sein wird. Als sich die beiden Wanderer umwenden, sehen sie, im Eis eingeschlossen, zwei zusammengefrorene Männer. Der eine hat seine Zähne in den Kopf des anderen gegraben. Es sind Graf Ugolino und Erzbischof Ruggieri. In der Zeichnung sind beide Ereignisse verbunden und eng aneinandergerückt. Dante ist als Rückenfigur gegeben und hat den ghibellinischen Verräter mit weit ausholendem Schritt am Haarschopf gepackt. Dieser jammert laut auf, bis schließlich die benachbarte Seele seinen Namen preisgibt. Direkt hinter Vergil sind Ugolino und Ruggieri in einer Art eisigen Höhle zu erkennen. Der Graf beugt sich über den Widersacher und hat ihm, genau wie im Text beschrieben, die Zähne in den Kopf geschlagen.

HELL Canto 32

Graf Ugolino mag ja in dem Ruf gestanden haben,
mit den Kastellen Verrat an dir verübt zu haben –
solcher Pein durftest du ihn und die Söhnchen nimmer ausliefern.

INFERNO XXXIII, 85–87

INFERNO XXXIII, 1–90

Ugolino berichtet von seinem Tod

Stift, Feder und Aquarell, 37,2 x 52,8 cm, bez. HELL Canto 33
Cambridge, Mass., Fogg Art Museum, Harvard University Art Museums

Graf Ugolino della Gherardesca ist in Pisa durch Verrat an die Macht gekommen. Er wird seinerseits von Erzbischof Ruggieri degli Ubaldini verraten, der ihn gemeinsam mit seinen Kindern und Enkelkindern in der Torre dei Gualandi einkerkern und einen grauenvollen Hungertod sterben lässt. Kinder und Enkelkinder sterben einer nach dem anderen. Schließlich übermannt Ugolino, in einer bewusst dunklen und mehrdeutigen Formulierung des Textes, mehr der Hunger als der Schmerz. Dante und Vergil stehen vor den beiden im Eis eingeschlossenen Verrätern. Ugolino hat eben von dem vor ihm am Boden knienden Erzbischof Ruggieri abgelassen und berichtet mit klagend erhobenen Händen von seinem grausamen Schicksal. Deutlich werden das klerikale Amt des Bischofs und damit die Schwere der Schuld, die er auf sich geladen hat, betont. Hut und Mantel sind durch ihre rote Farbe hervorgehoben, im Vordergrund liegt ein überdimensionaler Bischofsstab.

HELL Canto 33

„Als wir den vierten Tag erreicht hatten,
warf sich Gaddo mir vor die Füße
und rief: ‚Mein Vater, warum hilfst du mir nicht?'"

INFERNO XXXIII, 67–69

INFERNO XXXIII, 22–75

Ugolino und seine Söhne im Gefängnis

Stift, 37,8 x 51,6 cm, bez. Canto 33
London, The British Museum

Ugolino ist mit seinen Söhnen, Uguccione und Gaddo, und seinen Enkelsöhnen, Anselmuccio und Nino, im Hungerturm eingeschlossen. Die Komposition ist nur in Bleistift angelegt und von symmetrischer Strenge und Frontalität. Im Zentrum sitzt der Graf mit angezogenen Knien und hält seine zu beiden Seiten kauernden Enkel umfasst. Dem Betrachter noch näher gerückt, sitzen die beiden Söhne bildparallel am Boden. Der linke hat den Kopf klagend zurückgeworfen, während der rechte ihn resignierend gesenkt hält. Die beiden Figuren erinnern an Darstellungen einer Beweinung Christi und verleihen der Szene mit den beiden schwebenden Engeln eine sakrale Anmutung, fast wie ein Andachtsbild.

Canto 33.

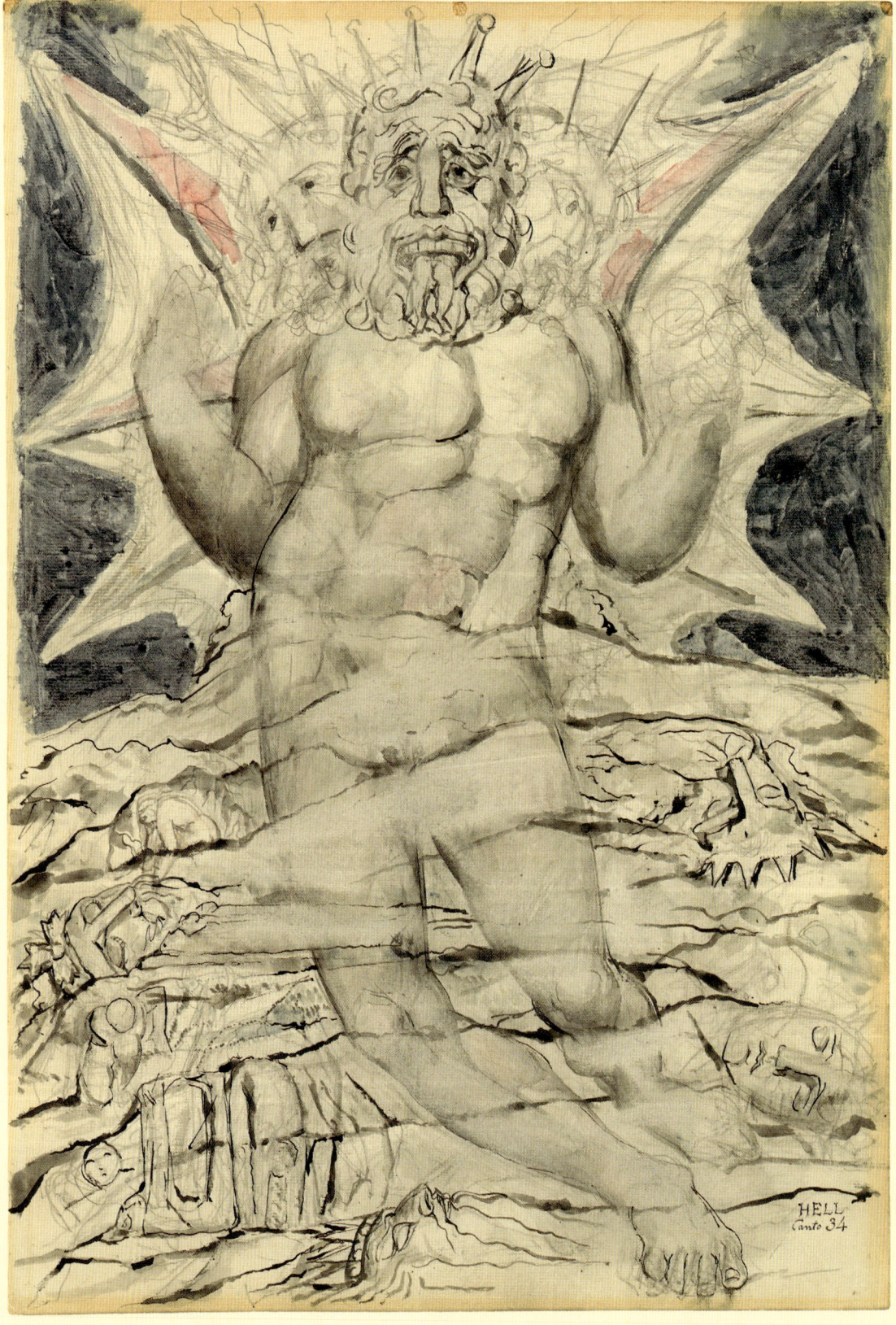

HELL
Canto 34

Mit jedem Maul zermalmte er einen Sünder
wie mit einer Flachsbreche;
drei waren es also, die er so leiden ließ.

INFERNO XXXIV, 55–57

INFERNO XXXIV, 16–67

Luzifer

Stift, Feder, Kreide und Aquarell, 52,8 x 37,2 cm, bez. HELL Canto 34
Melbourne, National Gallery of Victoria

Dante und Vergil setzen ihren Weg fort und betreten schließlich am Ende des Kokytos die Giudecca. Hier sind diejenigen, die ihre Wohltäter verraten haben, vollständig im Eis eingeschlossen. Dante selbst erstarrt zu Eis und verstummt, verfällt in einen Zustand zwischen Leben und Tod, als die beiden Wanderer vor Luzifer treten. Der riesenhafte Herrscher des Höllenreichs füllt die gesamte Höhe der Komposition. Auch er ist bis über die Hüften vom Eis eingeschlossen, nur sein Oberkörper ragt daraus hervor. Unter der durchscheinenden Oberfläche des Eises sind die Seelen der wie schlafend wirkenden Verräter zu erkennen. Luzifer hat, genau wie im Text beschrieben, drei Köpfe und mächtige, fledermausartige Flügel. Mit jedem der drei Mäuler zermalmt er einen Sünder. In dem mittleren steckt, so dass nur noch die zappelnden Beine herausragen, Judas, der schlimmste aller Sünder, während von den beiden anderen Mäulern Brutus und Cassius verschlungen werden. Damit sind die beiden Dichter am Ende ihrer Höllenwanderung angelangt. Sie steigen nun vom Erdmittelpunkt in die südliche Hemisphäre auf und gelangen ins Fegefeuer.

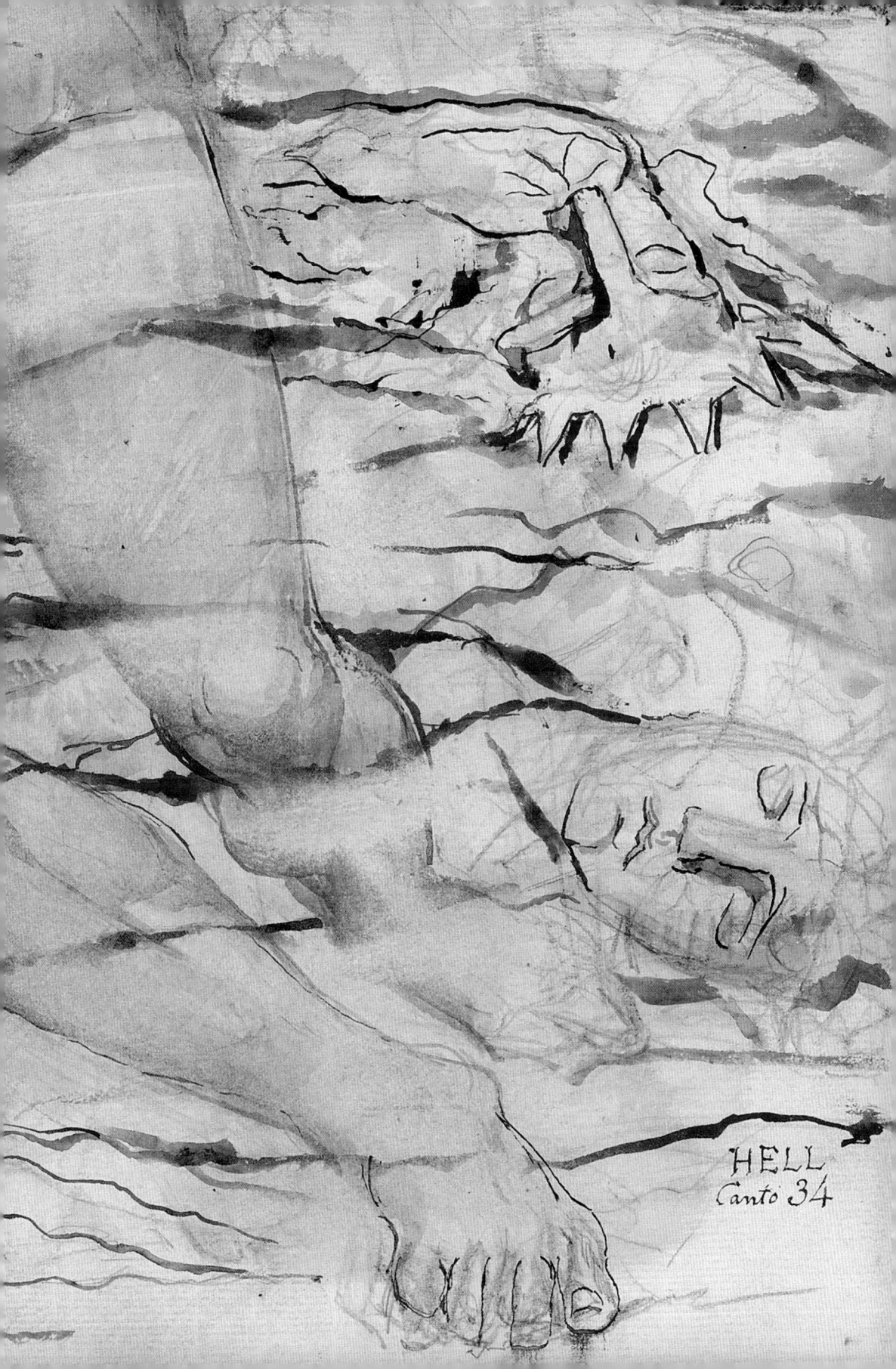

HELL
Canto 34

P—g Canto 1

Den Bart trug er lang und mit weißen Strähnen untermischt,
desgleichen das Haupthaar,
das ihm zu beiden Seiten bis auf die Brust herabfiel.

PURGATORIO I, 34–36

PURGATORIO I, 19–75

Dante mit Vergil und Cato

Stift und Aquarell, 52,7 x 37,1 cm, bez. P-g Canto 1
Cambridge, Mass., Fogg Art Museum, Harvard University Art Museums

Dante und Vergil sind auf der Insel angelangt, auf der sich der Läuterungsberg erhebt. Dante fühlt sich befreit, möchte die Erfahrungen der Hölle hinter sich lassen und mit neuer dichterischer Kraft dieses zweite Reich beschreiben. Am Ufer begegnet den Wanderern Cato, der Wächter des Fegefeuers, der sich einst selbst getötet hatte, um nicht in die Hände Cäsars zu fallen. Die Szene ist am Fuß des auf der linken Seite steil aufragenden Läuterungsberges situiert. Dante steht ehrerbietig mit erhobenen Händen vor dem weisen Cato, während Vergil auf den Berg weist und ihm den Grund ihrer Reise und den göttlichen Ratschluss dahinter erläutert.

P—g Canto 1

Das Morgenlicht siegte über die letzte Nachtstunde,
die dahinfloh, so dass ich von weitem
das Flimmern des Meeres erkennen konnte.

PURGATORIO I, 115–117

PURGATORIO I, 94–105, 115–135

Vergil bekränzt Dantes Stirn mit einem Schilf

Stift und Aquarell, 52,7 x 37,1 cm, bez. P-g Canto I
London, Tate Collection

Cato gestattet den beiden Wanderern ohne Weiteres den Aufstieg auf den Läuterungsberg, bittet aber Vergil, seinem Gefährten vorher das vom Höllenqualm geschwärzte Gesicht mit Tau zu reinigen und ihn mit einem Schilf zu bekränzen, welches am entfernten Ufer der Insel wächst. Dante und Vergil haben den von Cato genannten Ort erreicht. Beide knien nieder, und Vergil bekränzt die Stirn des Gefährten, während über ihnen am Horizont die Morgensonne aufsteigt. Während die Figuren nur in Bleistift angelegt sind, ist der Himmel in kräftigem Blau laviert; so werden die Strahlkraft der aufgehenden Sonne und die symbolische Bedeutung des Aufbruchs betont.

P—g Canto 2

Die Fassungslosigkeit muss mir wohl im Gesicht gestanden haben,
denn der Schatten lächelte und trat einen Schritt zurück.
Ich wollte ihm folgen und tat einen Schritt nach vorn.

PURGATORIO II, 82–84

PURGATORIO II, 10–123

Die Abfahrt des Engels, der die Seelen zum Fegefeuer hinübergefahren hat

Stift, Feder und Aquarell, 52 x 36,8 cm, bez. P-g Canto 2
London, The British Museum

Dante und Vergil stehen noch am Strand, als sich in rasender Fahrt ein Schiff der Insel nähert. Ein geflügelter Engel steuert zahllose Seelen zum Fegefeuer hinüber. Die Neuankömmlinge fragen die beiden Wanderer nach dem Weg. Verwundert umringen sie Dante, als sie an seinem Atem erkennen, dass er noch lebt. Eine der Seelen drängt sich vor, um Dante zu umarmen. Instinktiv erwidert er die Geste, greift aber dreimal vergeblich nach dem Schatten. Schließlich erkennt er den mit ihm befreundeten Sänger Casella und bittet ihn, ein von Dante selbst gedichtetes Liebeslied anzustimmen. So wohlklingend und süß ist das Lied, dass alle von Glückseligkeit erfasst werden. Doch dann tritt Cato hinzu und mahnt die Seelen zum Aufstieg auf den Läuterungsberg. Der kompositorische Aufbau ähnelt dem vorangehenden Blatt, mit dem links aufsteigenden Berg und dem weiten, vom Sonnenaufgang überstrahlten Meer. Synchron sind mehrere Phasen der Narration dargestellt. Die Seelen sind eben am Ufer angelangt, während der Engel sich bereits mit seinem einer Mondsichel ähnelnden Schiff entfernt. Ganz rechts steht Vergil, vor ihm umarmen sich Dante und Casella. Von links tritt die bärtige Figur Catos hinzu und mahnt zum Aufbruch. Wieder sind die Figuren nur in Bleistift angelegt, und die Aquarellierung ist ganz auf das blaugrüne Ufer und die atmosphärische Lichtwirkung konzentriert.

P-g-
Canto 4

... und zwar auf den raschen, befiederten Schwingen
des großen Sehnens, hinterdrein geführt dem,
der mir Hoffnung gab und mir Licht spendete.

PURGATORIO IV, 28–30

PURGATORIO IV, 19–48

Der Aufstieg auf den Läuterungsberg

Stift, Feder und Aquarell, 52,8 x 37,2 cm, bez. P-g Canto 4
London, Tate Collection

Das Fegefeuer ist in neun Teile unterteilt: das *Antipurgatorio*, die sieben Kreise des Fegefeuers und das irdische Paradies. Das *Antipurgatorio* ist jenen vorbehalten, die ihre Sünden nicht rechtzeitig bereuen konnten oder daran gehindert wurden. Dante nennt vier Gruppen: diejenigen, die exkommuniziert worden sind, diejenigen, die erst in der Todesstunde ihre Sünden bereut haben, die Ermordeten und die nachlässigen Fürsten. Unter größten Strapazen beginnt der Aufstieg auf den Läuterungsberg. Der Weg ist so steil, dass man Fliegen können müsste, um nach oben zu gelangen. Vergil geht voran, aber sein Gefährte kann dem Schritt kaum folgen. Erschöpft bittet Dante, auf ihn zu warten. Vergil spornt ihn an, noch bis zu einem nur wenig höher gelegenen Vorsprung aufzusteigen. Genau dieser Moment ist dargestellt. Vergil wendet sich um und weist den Gefährten mit der rechten Hand auf den zu erklimmenden Vorsprung hin. Die über dem Meer aufsteigende Sonne ist teilweise von einer schwarzen Wolke verdeckt. Darin ist angedeutet, dass Dante selbst erst spät den Weg der Umkehr eingeschlagen hat und der Weg zur Erlösung noch ein mühsamer sein wird.

P_g Canto 4

Dort setzten wir uns beide nieder und schauten
nach Osten, von wo wir aufgestiegen waren.
Das macht doch gewöhnlich dem Schauenden Freude.

PURGATORIO IV, 52–54

PURGATORIO IV, 49–57

Die Rast beim Aufstieg auf den Läuterungsberg

Stift, Feder, Kreide und Aquarell, 52,8 x 37,2 cm, bez. P-g Canto 4
Melbourne, National Gallery of Victoria

Die beiden Wanderer haben den von Vergil angestrebten Vorsprung erreicht und ruhen auf dem Plateau ein wenig aus. Dante blickt erleichtert auf den steilen Weg zurück. Im Zentrum der Komposition öffnet sich das mit Grün bedeckte Felsplateau. Ganz im Hintergrund haben sich, nur flüchtig mit dem Bleistift skizziert, die beiden Dichter niedergelassen. Vergil erläutert dem Gefährten den Sonnenstand und versichert ihm, dass der erste Teil des Weges bei Weitem am mühsamsten sei. Erst wenn ihm der Aufstieg so leichtfalle wie einem Schiff die Fahrt fluss-abwärts, sei er am Ziel angekommen. Die Grün-, Blau- und Rosatöne sind mit schnellem Pinsel aufgetragen, und es ist vor allem die Leichtigkeit der Farben, die dem Blatt seine atmosphärische, Hoffnung verströmende Qualität verleiht.

Feuerschnuppen sah ich kaum so rasch
bei Sonnenuntergang oder zur ersten Nacht
durch den klaren Augusthimmel schießen,
wie die beiden zurücksausten.

PURGATORIO V, 37–40

PURGATORIO V, 22–57

Die Seelen derer, die erst in der Todesstunde ihre Sünden bereuen

Stift, Feder, Kreide und Aquarell, 37,2 x 52,8 cm, bez. P-g. Canto 5 & 6
Melbourne, National Gallery of Victoria

Dante und Vergil begegnen einer Gruppe von Seelen, die ermordet wurden und erst in der Todesstunde ihre Sünden bereut haben. Sie singen die Verse des *Miserere*. Als sie bemerken, dass Dantes Körper einen Schatten wirft, kommen zwei von ihnen näher. Vergil versichert ihnen, dass Dante tatsächlich aus Fleisch und Blut sei und ihnen nach seiner Rückkehr auf die Erde nützlich sein könne. Daraufhin nähert sich die ganze Gruppe und bedrängt Dante mit der Frage, ob er vielleicht einen von ihnen im früheren Leben schon einmal gesehen habe. In der Komposition ist die poetische Beschreibung des Textes kongenial ins Bild gesetzt. Leicht erhöht auf einem Felsvorsprung stehen die beiden Wanderer. Vergil erklärt den beiden als Boten gesandten Seelen, dass sein Gefährte tatsächlich lebendig sei. Rechts steigt eine rosafarbene Wolke auf, aus der sich ein Strom fliegender Seelen entwickelt, der in kreisförmiger Bewegung wieder auf die beiden Dichter zufliegt. Im Text werden die eilenden Boten, die zu ihren Gefährten fliegen, um dann mit der ganzen Gruppe unmittelbar zurückzukehren, mit aufsteigenden Dämpfen verglichen.

P–g. Canto 5 & 6

Aber nicht nur gemalt hatte Natur darin,
sondern tausend Wohlgerüche zu einem einzigen,
nie verspürten, unauflöslichen Duft vereint.

PURGATORIO VII, 79–81

PURGATORIO VII, 70–84; VIII, 22–42, 94–108

Der Garten mit Königen und Engeln

Stift, Feder und Aquarell, 37,3 x 52,8 cm, bez. P-g- Canto 7 & 8
Melbourne, National Gallery of Victoria

Auf ihrer Wanderung begegnen Dante und Vergil dem berühmten Dichter Sordello da Goito. Er führt sie in ein paradiesisch anmutendes Tal. Dort sitzen die nachlässigen Könige und singen das „Salve Regina", darunter König Rudolf I., Philipp III. von Frankreich, Karl von Anjou und Kaiser Friedrich II. Als der Abend hereinbricht, kommen zwei Engel heran, um die Büßenden vor der Versuchung des Teufels zu schützen. Das weite Tal ist, genau wie im Text beschrieben, von üppiger Vegetation und mit bunten Blüten geschmückt. Dante und Vergil blicken auf die unter den Bäumen sitzenden Könige. Rechts neben ihnen ist Sordello zu erkennen. Direkt über ihnen schweben mit überkreuzten Flammenschwertern die Engel. Der rechte hat seinen wachsamen Blick nach unten gerichtet und die von rechts oben herannahende Schlange bereits entdeckt.

P~g
Canto 7&8

„Sordello blieb zurück und auch die anderen edlen Gestalten;
sie nahm dich auf, und da es ja schon hell war,
konnte sie mit dir hochsteigen; ich ging hinter ihr her."

PURGATORIO IX, 58–60

PURGATORIO IX, 52–63

Lucia trägt Dante im Schlaf
zum Eingang des Fegefeuers

Stift, Feder und Aquarell, 37,4 x 52,7 cm, bez. P-g Canto 9
Cambridge, Mass., Fogg Art Museum, Harvard University Art Museums

In den frühen Morgenstunden wird Dante von heftigen Träumen heimgesucht. Ein Adler mit goldenem Gefieder raubt ihn, dem Ganymed gleich, und reißt ihn in den Feuerhimmel hinauf. Beide geraten in Brand und stürzen zu Boden. Dante erwacht leichenblass aus seinem Traum und findet sich am Eingang des Fegefeuers wieder. Vergil erläutert ihm, was geschehen ist. Während des Schlafes ist die heilige Lucia gekommen und hat Dante zum Eingang des Fegefeuers hinaufgetragen, um ihm den Weg zu erleichtern. Wunderbar ist die träumerische Atmosphäre der von Mond und Sternen erleuchteten nächtlichen Landschaft eingefangen. Die Morgensonne sendet bereits ihre ersten Strahlen aus. Lucia hat den schlafenden Dante zärtlich in ihre Arme geschlossen und trägt ihn leichten Fußes den Berg hinauf. Der Mond hinterfängt ihre Köpfe wie ein Heiligenschein. Vergil folgt den beiden auf dem Fuße.

P. g Ca

Wir langten dort an. Die erste Stufe
war aus weißem Marmor und so glatt gerieben,
dass ich mich darin spiegelte, ganz wie ich war.

PURGATORIO IX, 94–96

PURGATORIO IX, 73–105

Dante und Vergil gehen auf den Engel zu,
der am Eingang des Fegefeuers wacht

Stift, Feder und Aquarell, 52,7 x 37,3 cm, bez. P-g Canto 9
London, Tate Collection

Die beiden Wanderer stehen vor dem Eingang des Fegefeuers. Ein im Licht strahlender Engel bewacht die Pforte. Dante und Vergil begehren Einlass. Genau wie im Text beschrieben führen drei in verschiedene Farben gefasste Stufen empor, die symbolisch für Wahrhaftigkeit, Reue und Gelöbnis der Wandlung stehen. Die Sonne ist von tiefroten Wolken verdunkelt, ein Hinweis darauf, dass die beiden Wanderer den Läuterungsberg erst noch ersteigen müssen.

P—g Canto 9

*Da ritzte er mir mit der Spitze seines Schwertes siebenmal ein P
auf die Stirn und sagte dazu: „Sieh zu, wenn du drinnen bist,
dass du dich von diesen Malen reinwäschst."*

PURGATORIO IX, 112–114

PURGATORIO IX, 106–120

Der Engel markiert Dantes Stirn
mit dem siebenfachen P

Stift, Feder und Aquarell, 52,3 x 34,8 cm, bez. P.g Canto 9
Truro, Royal Cornwall Museum, Royal Institution of Cornwall

Vergil führt seinen Gefährten die Stufen hinauf und bedeutet ihm, den erhabenen Wächter demütig um Einlass zu bitten. Mit der Spitze seines Schwertes ritzt ihm der Wächter siebenmal ein P – für *peccatum* (Sünde) oder *peccavi* (ich habe gesündigt) – auf die Stirn. Im Verlauf seines Weges durch die sieben Kreise des Läuterungsberges soll Dante sich diese Wunden abwaschen. Der Engel holt einen goldenen und einen silbernen Schlüssel unter dem Gewand hervor und öffnet das Tor. Die Schlüssel hat er vom heiligen Petrus erhalten, als Zeichen seiner Kraft, die Sünden zu lösen. Dante kniet mit gefalteten Händen vor dem bärtigen Wächter, der ihm gerade die bedeutungsvollen Buchstaben auf die Stirn ritzt. Vergil steht unmittelbar dahinter und blickt andachtsvoll auf das Geschehen. Links öffnet sich der Blick auf das Meer. Die stärker hervorbrechende, sich aufhellende Sonne überhöht symbolisch den Eintritt ins Fegefeuer.

*... aus reinem Marmor war und mit so schön gemeißelten
Figuren geschmückt, dass nicht nur Polyklet,
sondern die Natur beschämt gewesen wäre.*

PURGATORIO X, 31–33

PURGATORIO X, 22–96

Der Fels mit den Marmorreliefs
der Bundeslade und der Verkündigung

Stift, Feder und Aquarell, 52,8 x 37,4 cm, bez. Pg Canto 10
London, Tate Collection

Das Fegefeuer ist in sieben Kreisen aufgebaut. In ihnen müssen die Büßenden sich von den sieben Todsünden reinigen, beginnend mit der schwersten Sünde, dem Hochmut, und dann in absteigender Folge von Neid, Zorn, Faulheit, Geiz, Völlerei und Wollust. Bei ihrem Aufstieg in den ersten Kreis kommen die Wanderer an eine steile Felswand aus weißem Marmor, die mit kunstvollen Reliefs geschmückt ist. Hier werden den Hochmütigen drei historische Exempla von Demut vor Augen geführt: die Verkündigung an Maria, David vor der Bundeslade und die Demut Trajans. Die Reliefs sind detailliert beschrieben, und Dante bewundert vor allem die sprechende Qualität dieser stummen Werke. Er schließt mit dem berühmten Lob des „visibile parlare", des Sprechens in Bildern (*Purgatorio* X, 95). Dante und Vergil stehen staunend vor den marmornen Historienreliefs. Rechts ist die Verkündigung und links die Bundeslade zu erkennen. Im letzten Relief wird die Figur Davids, der mit seiner Leier tanzend voranschreitet, besonders betont.

„Doch schau nur genau hin und versuche mit den Augen zu entwirren,
was da unter diesen Felsbrocken daherkommt:
Du wirst gleich erkennen, wie jeder gestraft wird.“

PURGATORIO X, 118–120

PURGATORIO X, 112–139, XI, 73–102

Die Hochmütigen unter ihren enormen Lasten

Stift, Feder und Aquarell, 51,9 x 36,6 cm, bez. P-g Canto 10
Birmingham Museums and Art Gallery

Noch während die beiden Dichter die kunstvollen Exempla der Demut betrachten, begegnet ihnen eine Gruppe von Hochmütigen, die gewaltige Felsbrocken auf dem Rücken tragen. Tief gebeugt schleppen sie sich mühsam den Weg empor. Unter ihnen erkennt Dante den berühmten Miniaturmaler Oderisi da Gubbio, der sein übermäßiges Streben nach künstlerischem Ruhm büßen muss. Wie im Text beschrieben, ist Vollmond, und die ganze Szene ist in fahles Blaugrau getaucht. Der Weg der beiden Wanderer steigt in einer steilen Kurve an. Sie folgen den schwer beladenen Büßern. Der mittlere scheint sich eben zu Dante umzuwenden und dürfte mit Oderisi da Gubbio zu identifizieren sein. Daran schließt im Text die berühmte, von Oderisi da Gubbio vorgetragene Reflexion über die Vergänglichkeit des Ruhmes an. So wie dieser in der Buchmalerei bald von Franco Bolognese übertroffen worden sei, so sei in der Malerei Cimabue von Giotto überflügelt worden. In der Dichtung habe Guido Guinizzelli dem Guido Cavalcanti den Vorrang überlassen müssen, der nun seinerseits bald von einem Jüngeren – nämlich Dante selbst – übertroffen werde.

Tot schienen die Toten und lebend die Lebendigen.
Auch wenn es wirklich gewesen wäre: Besser hätte es niemand sehen können,
all das, worauf ich mit gebeugtem Kopf den Fuß setzte.

PURGATORIO XII, 67–69

PURGATORIO XII, 10–99

Am Ende des Kreises der Hochmütigen kommt der Engel herab

Stift, Feder und Aquarell, 51,8 x 36,4 cm, bez. P-g Canto 12
London, The British Museum

Weiter aufsteigend, entdecken die Wanderer, dass der Weg nun mit historischen Exempla von Hochmütigen gepflastert ist. Die dreizehn Darstellungen aus Mythologie und Geschichte sehen wie reliefierte Grabplatten aus. Dante und Vergil stehen am linken unteren Bildrand und bestaunen die Bilder. Die einzelnen Exempla sind nicht in klar getrennten Bildfeldern dargestellt, sondern scheinen einander zu überlagern. Nur einige sind genau zu identifizieren: Ganz unten erscheint kopfüber der Höllenwächter Luzifer, darüber am rechten Rand des Weges der Gigant Briareos, der gefesselt am Boden liegt. Links davon ist die verzweifelte Niobe mit ihren Kindern und ganz oben am Boden kauernd der Gigant Nimrod zu erkennen. Am Ende des Weges erscheint mit weit ausgebreiteten Flügeln ein Engel und fordert die Wanderer auf, weiterzugehen und in den nächsten Kreis aufzusteigen.

P-g Canto 13

Und wie zu denen, die des Augenlichts beraubt sind,
die Sonne niemals vordringt, so will das Licht des Himmels
sich den Schatten hier, von denen ich erzähle, nicht mehr bieten ...

PURGATORIO XIII, 67–69

PURGATORIO XIII, 7–129

Der Kreis der Neider

Stift, 52,7 x 37,1 cm, bez. P-g Canto 13
Cambridge, Mass., Fogg Art Museum, Harvard University Art Museums

Der zweite Kreis des Purgatorio ist den Neidern vorbehalten. Sie sind blind, ihre Augenlider sind mit Eisendraht zugenäht. Da ihre Kleider der fahlen Farbe des Steins gleichen, können die beiden Wanderer sie erst bei genauem Hinsehen erkennen. Die nur in Bleistift ausgeführte Zeichnung macht die im Text beschriebene Nacktheit und Öde der Gegend anschaulich. Dante und Vergil stehen am Rande des Weges und blicken auf die Seelen der Neider, die mimetisch mit dem Felsen zu verschmelzen scheinen. Die einzelne Seele, die auf die beiden Dichter zufliegt, könnte die aus Siena stammende Sapia sein, die einst die Niederlage ihrer Landsleute gegen die Florentiner in Colle di Val d'Elsa mit Schadenfreude begrüßt hatte.

P~g Canto 27

Die Hände über der Brust verschränkt, beugte ich mich vor
und bildete mir heftig ein, während ich ins Feuer schaute,
dass dort Menschenleiber brannten, wie ich es früher gesehen hatte.

PURGATORIO XXVII, 16–18

PURGATORIO XXVII, 1–33

Der Engel fordert Dante auf,
durchs Feuer zu gehen

Stift, Feder, Kreide und Aquarell, 52,8 x 37,3 cm, bez. P-g Canto 27
Melbourne, National Gallery of Victoria

Dante und Vergil sind im siebten Kreis, dem Kreis der Wollüstigen. Die büßenden Seelen sind lodernden Flammen ausgesetzt, die sie von ihren Leidenschaften reinigen sollen. Am Ende des Tages gelangen die Wanderer, denen sich seit dem fünften Kreis der römische Dichter Statius angeschlossen hat, zum Ausgang des Fegefeuers. Dort erscheint ihnen ein Engel. Er singt „Beati mundo corde!" („Selig, die reinen Herzens sind!") und fordert die drei auf, die lodernden Flammen zu durchschreiten. Dante wird bleich vor Angst. Erst als Vergil ihn daran erinnert, dass er auf der anderen Seite, im irdischen Paradies, Beatrice wiedersehen wird, fasst er schließlich Mut. Die drei Gefährten steigen die letzten Stufen des siebten Kreises empor. Wie eine Lichterscheinung steht am Rande des lodernden Flammenmeers der weiß gekleidete Engel. Die am Horizont untergehende Sonne taucht das Meer teilweise in rötliche Farben.

P. E
Canto 27

Doch mein väterlicher Beschützer sprach,
um mir Mut zu machen, weiter von Beatrice
und sagte: „Mir scheint, ich sehe schon ihre Augen.“

PURGATORIO XXVII, 52–54

PURGATORIO XXVII, 34–57

Dante beim Eintritt ins Feuer

Feder, Kreide und Aquarell, 52,8 x 36,9 cm, bez. P-g Canto 27
Melbourne, National Gallery of Victoria

Von Vergil angeführt, betreten die Dichter das Flammenmeer. Die Hitze ist so unerträglich, dass Dante sich am liebsten in flüssig glühendes Glas werfen möchte, um sich zu erfrischen. Während des Durchschreitens spricht Vergil von Beatrice und ihren leuchtenden Augen, die er fast schon zu sehen meint. Die drei Wanderer kommen von rechts den Weg herauf. Vergil hat die hoch auflodernden Flammen bereits betreten und blickt sich zu dem noch zaudernden Gefährten um. Mit der linken Hand weist er Dante den Weg, direkt über ihm schwebt der Engel. In den Flammen sind vier nackte weibliche Gestalten zu erkennen, die das Bild der geliebten Beatrice evozieren und Dante Mut geben, seinem Führer zu folgen. Dieselbe Frau scheint viermal aus jeweils verschiedenen Ansichten dargestellt zu sein, sodass der Eindruck entsteht, dass sie sich nach dem Dichter umsieht. Die lodernden Flammen werden so auch zu einem Bild des Verlangens nach der geliebten Beatrice umgedeutet.

Bevor noch der Horizont in seiner unermesslichen Ausdehnung
überall gleich aussah
und die Nacht sich allenthalben ausbreitete,
wählte jeder von uns sich eine Stufe zum Lager ...

PURGATORIO XXVII, 70–73

PURGATORIO XXVII, 64–108

Dante und Statius schlafen,
während Vergil Wache hält

Stift, Feder und Aquarell, 52 x 36,8 cm, bez. Pg Canto 27
Oxford, Ashmolean Museum

Als die Wanderer die Feuerwand endlich durchschritten haben, hindert sie die hereinbrechende Nacht am Weitergehen. Sie legen sich zum Schlafen auf die Stufen nieder. Dante erscheint im Traum eine schöne junge Frau namens Lea, die Blumen pflückt, um sich einen Kranz zu flechten. Vom Mondlicht beschienen, liegen die Dichter auf der Treppe gebettet. Statius und Dante scheinen zu schlafen, während Vergil offenen Auges wacht. Im Rund des Mondes ist zugleich Dantes Traumgesicht in flüchtigen Strichen festgehalten. Im Vordergrund sitzt unter einem Baum Lea mit ihrem Kranz, während im Hintergrund ihre Schwester Rahel erscheint, die den ganzen Tag vor dem Spiegel sitzt, um ihre schönen Augen zu betrachten.

... und ich sah, wie die Flämmchen weiterzogen
und hinter sich die Luft in bunten Farben zurückließen,
so dass es sich ausnahm, als seien Pinsel ausgezogen worden.

PURGATORIO XXIX, 73–75

PURGATORIO XXIX, 1–154

Matelda und Dante am Ufer des Lethe mit Beatrice auf dem Triumphwagen

Stift, Feder und Aquarell, 36,7 x 52 cm, bez. P-g Canto 29
London, The British Museum

Dante ist im irdischen Paradies angelangt und wandert durch einen dichten Wald. Dort stößt er auf einen Fluss, den Lethe, und sieht am gegenüberliegenden Ufer ein Blumen pflückendes junges Mädchen mit Namen Matelda. Die beiden gehen gemeinsam flussaufwärts. Plötzlich ist eine strahlende Lichterscheinung zu sehen, und süße Klänge erfüllen die Luft. Dante ruft die Musen an, ihm die dichterische Kraft zu geben, das Gesehene in Worte zu fassen. Die im Text folgende Beschreibung ist äußerst detailliert und in der Zeichnung in vielen Aspekten wörtlich umgesetzt. Dante und Matelda stehen sich an den mit Blumen übersäten Ufern des Lethe gegenüber. Aus dem rechten Hintergrund bewegt sich ein prozessionsartiger Zug heran. An seiner Spitze wird ein siebenarmiger Leuchter getragen, dessen Flammen, Pinselstrichen gleich, Bahnen in den Farben des Regenbogens nach sich ziehen. Dahinter folgen vierundzwanzig Greise, die mit Lilien bekränzt sind, und endlich fährt Beatrice mit einem prachtvollen Triumphwagen heran, der von einem geflügelten Greifen gezogen wird und von tanzenden Frauen umgeben ist. Hinter dem Wagen folgen weitere sieben Greise. Der ganze Zug wird von den Bäumen diesseits und jenseits des Flusses gerahmt, deren Kronen sich wie zu einem Dach zusammenschließen.

P 9 Canto 29

„Schau nur gut her! Ich bin es wirklich, bin wirklich Beatrice.
Wie konntest du den Berg besteigen?
Wusstest du nicht, dass der Mensch hier glückselig ist?"

PURGATORIO XXX, 73–75

PURGATORIO XXIX, 88–129, XXX, 22–146

Beatrice wendet sich vom Triumphwagen an Dante

Feder und Aquarell, 37,2 x 52,7 cm, bez. P-g Canto 29 & 30
London, Tate Collection

Dante steht am rechten Bildrand und blickt ehrfürchtig, fast verängstigt zu Beatrice. Sein Begleiter Vergil hat ihn verlassen. Der Triumphwagen ist vor dem in kräftigem Rot und Blau gefärbten Himmel bildparallel angeordnet und folgt der detaillierten Beschreibung des Textes. Von einem mächtigen geflügelten Greifen gezogen, ist er von vier Tiersymbolen umgeben, die wie Traumbilder zwischen ihren steil aufragenden, mit Augen geschmückten Flügeln erscheinen. Vor dem Wagen sind drei in Grün, Rot und Weiß gekleidete Frauen zu sehen, die Hoffnung, Liebe und Glaube symbolisieren. Beatrice trägt einen weißen Schleier und einen mit Blumen geschmückten, grünlich schimmernden Mantel, der ihren nackten Körper kaum verhüllt. Mit erhobener Linker erinnert sie Dante daran, dass er sich einst von ihr und vom rechten Weg abgewandt hatte, und mahnt ihn mit großer Strenge zur Buße.

P.g Canto 29 & 30

Fest und sicher, wie eine Burg auf Bergeshöhen,
schien mir darauf eine lockere Hure zu sitzen,
frech nach allen Seiten blinzelnd ...

PURGATORIO XXXII, 148–150

PURGATORIO XXXII, 130–160

Die Hure und der Gigant

Stift, Feder, Kreide und Aquarell, 37,2 x 52,8 cm, bez. P-g Canto 32
Melbourne, National Gallery of Victoria

Dante ist von den Worten Beatrices und ihrem Anblick tief bewegt und bekennt beschämt seine Verfehlungen. Der Triumphwagen zieht weiter zum Baum der Erkenntnis. Kaum hat Beatrice den Wagen verlassen, stürzt ein Adler herab, und ein Drache zerschlägt das Gefährt mit seinem Schwanz. Der ganze Wagen verwandelt sich, und sieben Köpfe mit zehn Hörnern ragen aus ihm hervor. Dante, Statius und Matelda stehen dicht aneinandergedrängt am rechten Bildrand. Vor ihnen kniet eine Frau mit klagend erhobenen Händen. Der ganze Wagen hat die Gestalt eines geschuppten Schlangenkörpers angenommen. Anders als im Text beschrieben, sind die aus dem Wagen herauswachsenden Köpfe mit Kronen ausgezeichnet, der vorderste trägt eine päpstliche Tiara. Auf dem Wagen thront nun eine verführerische Hure, die einen Giganten liebkost. Im Folgenden bittet Beatrice Dante dann inständig, den Lebenden vom Verfall der Kirche und der Einflussnahme der weltlichen Mächte zu berichten.

P-g Canto 32

... sah ich, in goldener Farbe und von einem Sonnenstrahl erhellt,
eine Leiter, die steil nach oben gerichtet war,
so hoch hinauf, dass meine Augen ihr nicht mehr folgen konnten.

PARADISO XXI, 28–30

PARADISO X, 76–90 oder XXI, 25–42

Die spiralförmige Treppe

Stift, 52 x 36,4 cm, bez. Paradiso Canto 19
London, The British Museum

Dante und Beatrice erreichen das himmlische Paradies. Es ist in zehn Zonen aufgeteilt, in denen sich die Seligen gemäß ihren Verdiensten während des irdischen Daseins bewegen. Die ersten sieben werden jeweils von einem Planeten regiert, darauf folgen der Himmel der Fixsterne, der Kristallhimmel *(Primum Mobile)* und schließlich das Empyreum. Gleich an mehreren Stellen bedient sich der Text der Treppenmetapher, um den Aufstieg der Seelen zu charakterisieren. Auf der spiralförmig in den Himmel aufsteigenden Treppe sind einzelne Seelen nur eben angedeutet. Die ausradierte Bezeichnung oben rechts ist nur schwach zu erkennen. Wahrscheinlich ist, dass die Zeichnung sich auf eine Stelle im 21. Gesang bezieht. Dort sieht Dante im Saturnhimmel eine goldene Leiter, auf der die von himmlischer Liebe bewegten Seelen hinuntersteigen.

Hier nun geht mir das Gedächtnis über den Verstand;
leuchtete doch in diesem Kreuz Christus auf,
und dafür kann ich keinen würdigen Vergleich finden.

PARADISO XIV, 103–105

PARADISO XIV, 91–108

Dante in Verehrung Christi

Stift, Feder, Kreide und Aquarell, 52,7 x 37,2 cm, bez. 97
Melbourne, National Gallery of Victoria

Der von Mars regierte fünfte Himmelskreis ist von gleißendem Licht überstrahlt. Hier wird dem Dichter die großartige Vision des Kreuzes zuteil, das die Gestalt Christi geradezu hervorstrahlen lässt. Im Text ist die überwältigende spirituelle Erfahrung der Christuserscheinung mit visuellen und musikalischen Metaphern beschrieben, die in der Zeichnung aufgenommen sind. Die hieratische Lichtgestalt Christi erscheint vor einer vielfarbigen Wolkenkonfiguration, die in ihren schwingenden Linien und fein abgestimmten Farben zugleich den Klang der himmlischen Musik evoziert. Dante erscheint als Halbfigur am unteren Bildrand. Die Bewegung des Körpers und die ekstatisch erhobenen Arme machen die Intensität der Vision anschaulich.

„Was werden die Perser zu euren Herrschern sagen können,
wenn sie erst das Buch aufgeschlagen sehen,
das deren sämtliche Missetaten verzeichnet?"

PARADISO XIX, 112–114

PARADISO XIX, 100–114

Der Engel, der die Verfehlungen
der christlichen Herrscher aufschreibt

Stift, Feder und Aquarell, 52 x 36 cm, bez. PAR. Canto 19
Birmingham Museums and Art Gallery

Der sechste Himmel wird von Jupiter regiert. Dante beschäftigt die Frage nach der göttlichen Gerechtigkeit. Aber Gottes Gnade ist unergründlich. Tatsächlich werden viele Christen beim Jüngsten Gericht Christus ferner sein als so manch einer, der von Christus gar nichts weiß. Was werden etwa die Perser sagen, wenn sie in einem aufgeschlagenen Buch von den Verfehlungen der christlichen Herrscher lesen? Während im Text nur ganz allgemein von einem aufgeschlagenen Buch die Rede ist, hält in der Zeichnung ein bärtiger Alter eine Buchrolle auf den Knien. Er sitzt in strenger Frontalität auf einem Flügelthron und deutet mit dem Zeigefinger auf die verzeichneten Untaten. Kaum zufällig erinnert der gestrenge Richter an den *Moses* Michelangelos, und möglich ist, dass damit kritisch an die alttestamentarischen Wurzeln des katholischen Glaubens erinnert werden soll.

Und wie Räder im Regelwerk der Uhr
sich so bewegen, dass das erste für den Betrachter
beinahe still steht, das letzte aber saust ...

PARADISO XXIV, 13–15

PARADISO XXIV, 1–18

Dante und Beatrice in der Sphäre
der Fixsterne im Zeichen der Zwillinge

Stift, Feder, Kreide und Aquarell, 35,5 x 51 cm, bez. Paradiso Canto 24
Oxford, Ashmolean Museum

Dante und Beatrice sind im achten, von den Fixsternen regierten Himmelskreis angekommen, im Zeichen der Zwillinge. Alles wird vom gleißenden Licht des auferstandenen Christus überstrahlt. Beatrice bittet die glückseligen Seelen, Dante einen Vorgeschmack von ihrer himmlischen Kost zu geben. Die Seelen formieren sich zu kreisförmigen Sphären, die im Text mit den Rädern eines Uhrwerkes verglichen werden, die mit verschiedener Geschwindigkeit rotieren. Dante und Beatrice stehen in vorderster Bildebene. Der Dichter ist in Rückenansicht gegeben und blickt in das vor Glückseligkeit strahlende Antlitz seiner Führerin. Um die Intensität des Erlebens anschaulich zu machen, sind beide mit erhobenen Händen und in leichter, fast tänzelnder Schrittbewegung gezeigt, die sich vor allem in den schwingenden Falten im unteren Teil der Gewänder ausdrückt. Sie sind von den sich überschneidenden, im Kreis rotierenden Sphären tanzender Seelen umgeben, deren Schnittmenge die beiden wie eine Mandorla umfängt. Die zarte Aquarellierung macht die von Harmonie und Glückseligkeit bestimmte Atmosphäre anschaulich.

Paradise Canto 24

Aus dem, der mir als kostbarster aufgefallen war,
sah ich nun einen Feuerglanz hervorkommen,
der herrlicher leuchtete als alle, die darin verblieben.

PARADISO XXIV, 19–21

PARADISO XXIV, 19–51

Der heilige Petrus erscheint Dante und Beatrice

Stift, Feder und Aquarell, 37,1 x 52,7 cm
Melbourne, National Gallery of Victoria

Aus den rotierenden Sphären löst sich die Seele des heiligen Petrus heraus. Beatrice bittet ihn, Dantes Glauben mit leichten oder schweren Fragen zu prüfen. Im Zentrum der Komposition erscheint die mächtige Gestalt des heiligen Petrus mit seinem Schlüssel in der Rechten. Er ist von einer Flamme eingeschlossen, die, genau wie im Text beschrieben, gleißendes Licht verbreitet. Beatrice fliegt von rechts heran und verstärkt mit der Geste der Hände ihre Bitte an den Apostelfürsten, während Dante ehrfürchtig aufblickt und die erste Frage zu erwarten scheint.

... so sah ich, wie die beiden großen Fürsten
in der Glorie einander begrüßten
und dabei die Nahrung lobten, die sie dort oben speist.

PARADISO XXV, 22–24

PARADISO XXV, 13–27

Die Heiligen Petrus und Jakobus
mit Dante und Beatrice

Stift, Feder und Aquarell, 37,1 x 52,7 cm
Melbourne, National Gallery of Victoria

Nachdem Dante die Prüfung des heiligen Petrus bestanden hat, kommt der heilige Jakobus herangeflogen, um ihn zur zweiten theologischen Tugend, der Hoffnung, zu befragen. Die beiden mächtigen Apostel sind in lodernde Flammen eingeschlossen und schweben wie zum Handschlag aufeinander zu. Dante und Beatrice sind in Gegenrichtung zueinander angeordnet und scheinen fast zu verschmelzen. Damit könnte darauf angespielt sein, dass Beatrice ihrem Gefährten bei der Beantwortung der ersten Frage zuvorkommen wird. Die Farbintensität ist noch einmal gesteigert und vermittelt wirkungsvoll die feurige Natur der Apostel und die gleißende Helligkeit.

Und wie ein Mädchen fröhlich zum Tanz aufsteht und hineilt und dort mittanzt,
gewiss nur um die Braut zu ehren, nicht etwa aus Eitelkeit,
so lebhaft sah ich dies Glanzlicht sich zu den beiden anderen begeben,
die sich zum Takt im Reigen drehten,
wie es ihrer glühenden Liebe zukam.

PARADISO XXV, 103–108

PARADISO XXV, 100–117

Die Heiligen Petrus, Jakobus und Johannes mit Dante und Beatrice

Stift, Feder und Aquarell, 36,5 x 52 cm, bez. Canto 25 Paradiso
London, The British Museum

In seiner letzten Antwort an Jakobus bezieht Dante sich auf die Offenbarung des Johannes. Im nächsten Moment kommt der Lieblingsjünger des Herrn, begleitet von einer gleißenden Lichterscheinung, herangeflogen. Er wird Dante zur dritten theologischen Tugend, der Caritas, befragen. Petrus und Jakobus haben sich mit Dante und Beatrice, wie im Text beschrieben, zu einem Kreis zusammengefunden. Von oben stürzt in kühnem Flug der jugendliche Johannes heran. Die Intensität der Farben und die wie in Raumkapseln schwebenden Apostel verleihen der Darstellung einen phantastischen Ausdruck, der dynamische Bewegung und hieratische Strenge verbindet. Die einander überschneidenden Kreise verweisen auf die drei theologischen Tugenden ebenso wie auf die Trinität.

... da nahm ich einen Punkt wahr, von dem ging ein so scharfer Lichtstrahl aus,
dass die Augen, um bei dieser Schärfe nicht zu verbrennen,
fest geschlossen werden mussten.

PARADISO XXVIII, 16–18

PARADISO XXVIII, 13–45

Die Vision Gottes,
von dem die neun Himmelssphären ausgehen

Stift, Feder und Aquarell, 51,8 x 36,7 cm
Oxford, Ashmolean Museum

Dante und Beatrice gelangen in den letzten Himmelskreis, den Kristallhimmel. Dante sieht die göttliche Essenz in einem Punkt, der von so großer Helligkeit strahlt, dass er das Auge zu versengen droht. Dieser Punkt ist von neun konzentrischen Himmelssphären umgeben, die von Engelschören bevölkert sind. Da der innerste Kreis der göttlichen Wahrheit und Liebe am nächsten ist, nehmen Lichtintensität und Geschwindigkeit der Sphären von innen nach außen ab. Gott erscheint mit erhobener Rechter ganz oben oder, besser, im Zentrum, das die Sphären umkreisen. Direkt unterhalb stehen nur skizzenhaft angedeutet Dante und Beatrice. Die Gestalten der Engel nehmen von unten nach oben an Alter und Weisheit zu und veranschaulichen so die Engelshierarchien.

... und sah ein leuchtendes Fluten,
goldrot glänzend, zwischen zwei Ufern,
die waren mit wunderbaren Frühlingsblumen bestanden.

PARADISO XXX, 61–63

PARADISO XXX, 61–96

Dante trinkt im Empyreum
aus dem Fluss des Lichtes

Stift und Aquarell, 52,8 x 37,1 cm, bez. PAR. Canto 30
London, Tate Collection

Dante und Beatrice sind ins Empyreum, in den Himmel des reinen Lichts aufgestiegen und sehen einen Fluss aus Licht, der sich zwischen den mit Blumen bestandenen Ufern ergießt. Aus dem Fluss erheben sich lebendige Funken und setzen sich auf die Blumen wie Rubine, um dann, berauscht vom Duft, wieder in den Strom zurückzukehren. Doch Dantes Augen sind noch immer nicht in der Lage, die Wahrheit zu erkennen. Beatrice fordert ihn auf, aus dem Fluss zu trinken, um seinen Durst zu stillen. Die Komposition ist durch den Lichtstrom in zwei Hälften geteilt. Beatrice sitzt am rechten Ufer. Dante beugt sich über das Wasser, um aus einer Schale zu trinken. Nun sind seine Augen in der Lage, am Ende des Flusses die lichterfüllte Rose mit den Gruppen der Seligen zu erkennen. Oberhalb des knienden Dante sind skizzenhaft zwei Figuren angedeutet. Die vordere scheint vor einer Leinwand zu stehen, die hintere an einem Tisch. Könnte es sich um Allegorien von Malerei und Dichtung handeln?

PAR. Canto 30

Ohne etwas zu sagen, hob ich die Augen und sah,
wie die ewigen Strahlen von ihr zurückstrahlten,
so dass es war, als machte sie sich einen Kranz daraus.

PARADISO XXXI, 70–72

PARADISO XXXI, 1–27, 52–93, 112–129, XXXII, 1–48

Die Königin des Himmels in der Glorie

Stift, Feder, Kreide und Aquarell, 37,1 x 52,8 cm
Melbourne, National Gallery of Victoria

Der Himmel hat die Gestalt einer Rosenblüte. Dante wendet sich zu seiner Führerin, doch Beatrice hat bereits wieder ihren Platz in der himmlischen Hierarchie eingenommen. An ihre Stelle ist nun der heilige Bernhard von Clairvaux getreten und erklärt dem Dichter den Aufbau des Himmels. Ganz oben thront die Himmelskönigin, darunter folgen Eva, dann Beatrice und Rahel und jeweils noch eine Stufe tiefer Sarah, Rebekka, Judith und Ruth. Insgesamt sind vier große Gruppen zu erkennen: die jüdischen Frauen, die christlichen Heiligen, diejenigen, die aufgrund der Prophezeiungen an Christus glaubten, und diejenigen, die nach seinem Kommen an ihn glaubten. Die Komposition folgt im Wesentlichen der Beschreibung des Textes. Vieles ist nur skizzenhaft angelegt und durch Beischriften identifiziert. Die Rosenblüte dient, einem Amphitheater gleich, den Bewohnern des Himmels als Sitz. Ganz oben kniet Maria mit einem Zepter und einem Spiegel. Darunter sind Eva und zu ihren Seiten Beatrice und Rahel zu erkennen, in den Blättern des unteres Kranzes sind weitere der alttestamentarischen Frauen angedeutet.

William Blake
Katalog der Druckgrafiken

Der Betrüger Ciampolo wird von den Teufeln gepeinigt, 1826/27
Linienstich, 23,8 x 33,5 cm
London, Tate Collection

Der Kreis der Wollüstigen: Francesca da Rimini (Detail), 1826/27

(Seite 440–441)
Der Kreis der Wollüstigen: Francesca da Rimini, 1826/27
Linienstich, 24,3 x 33,5 cm
London, Tate Collection

(Seite 442–443)
Der Kampf der betrogenen Teufel, 1826/27
Linienstich, 24,1 x 33,2 cm
London, Tate Collection

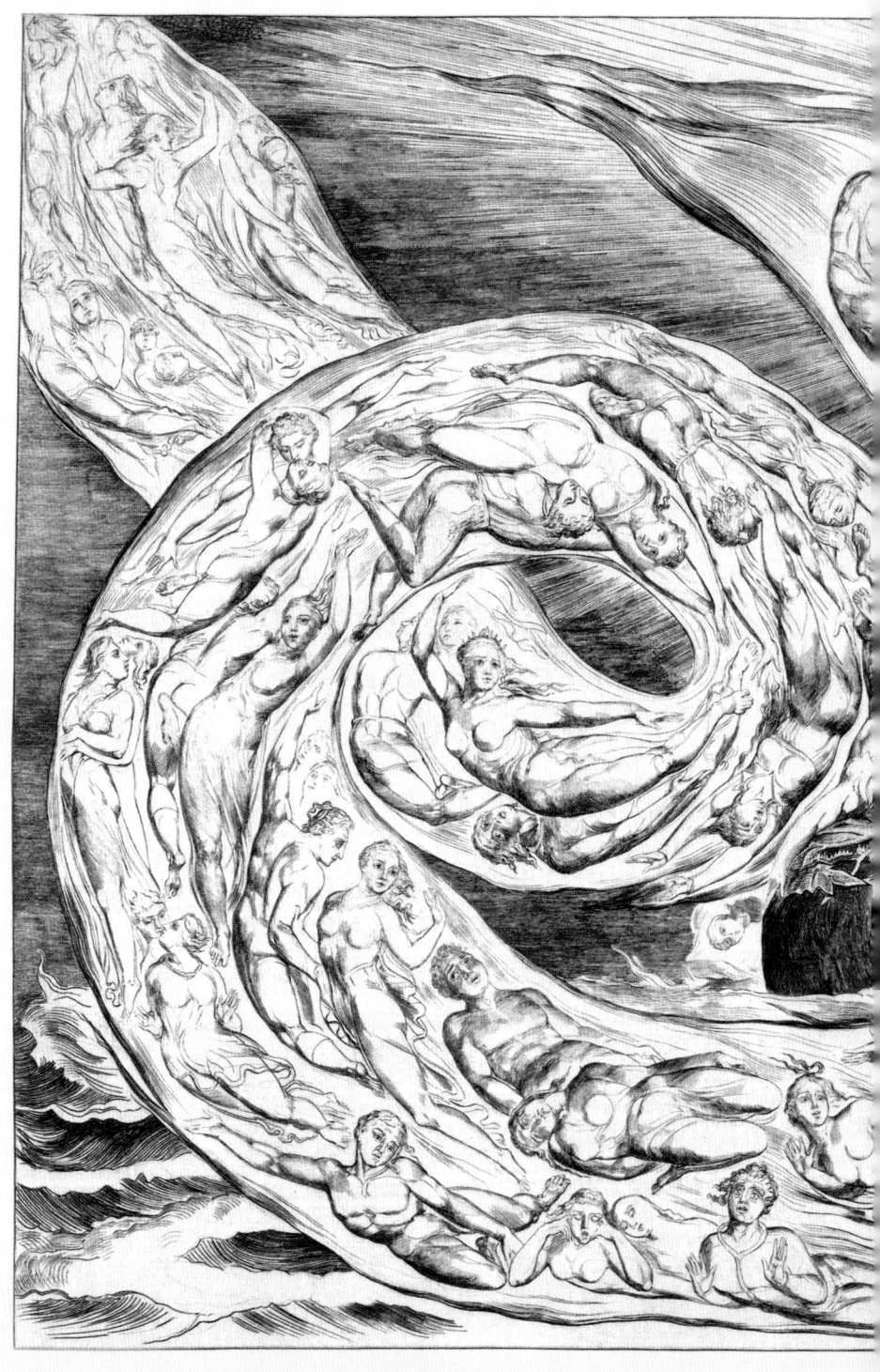

Eine sechsfüßige Schlange greift Agnolo Brunelleschi an, 1826/27
Linienstich, 24,5 x 33,7 cm
London, Tate Collection

(Seite 446–447)
Die Schlangen greifen Buoso Donati an, 1826/27
Linienstich, 24,1 x 33,2 cm
London, Tate Collection

(Seite 448–449)
Der Graben der Krankheiten: Die Fälscher, 1826/27
Linienstich, 24 x 33,5 cm
London, Tate Collection

(Seite 450–451)
Dante stößt gegen den Kopf von Bocca degli Abati, 1826/27
Linienstich, 23,5 x 33,7 cm
London, Tate Collection

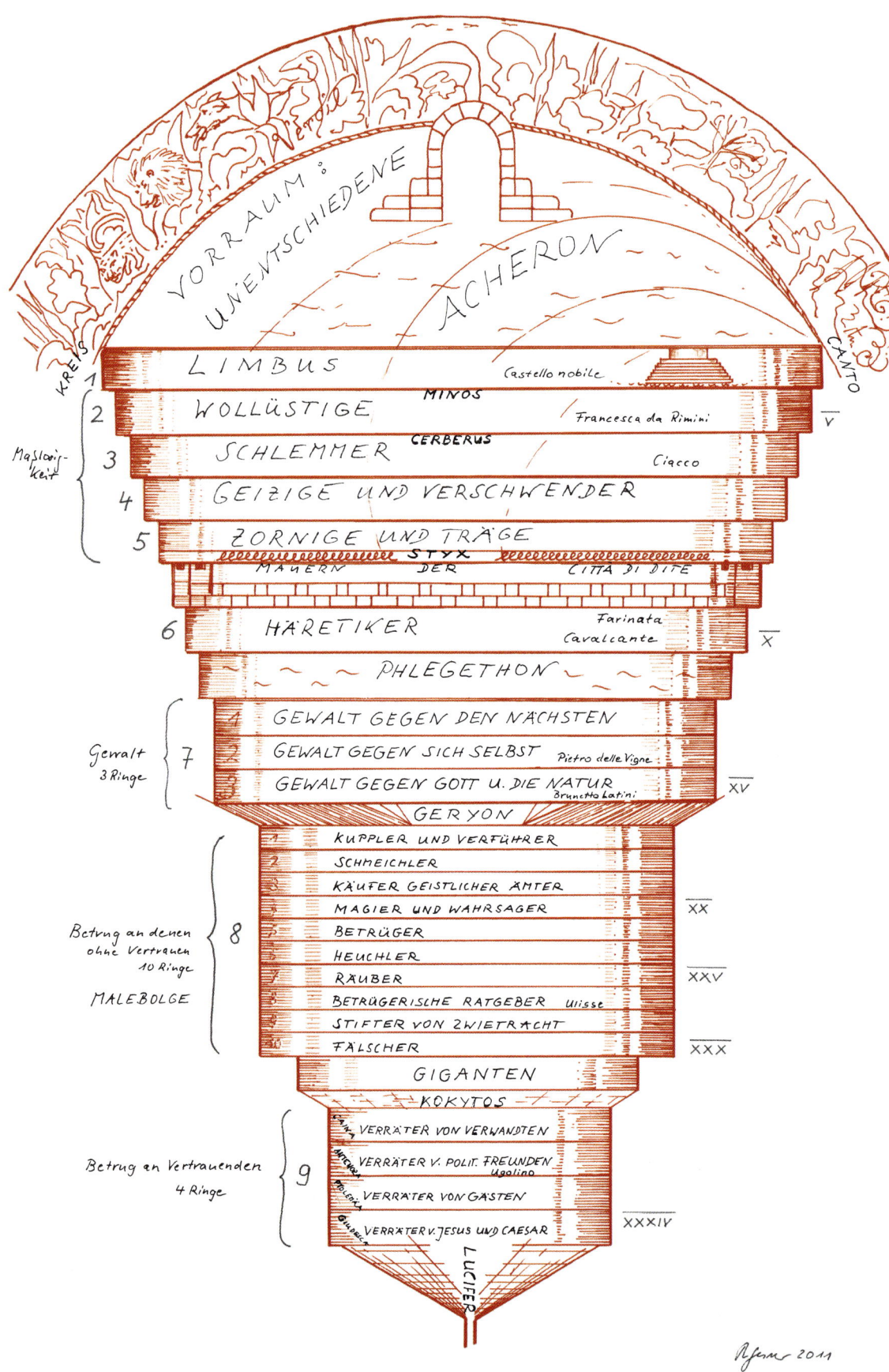

Anmerkungen

Das Jenseits bei Dante zwischen antikem Mythos und christlicher Theologie

1 Sapegno 1965, S. 7–18; Contini 1970, S. 297–302; Petrocchi 1983; Pasquini 2006, S. 7–86; Gorni 2008, S. 1–230; Santagata 2012.

2 Rom, Biblioteca Apostolica Vaticana, Vat. Lat. 3195, Vat. Lat. 3196.

3 Berlin, Staatsbibliothek, MS Hamilton 90.

4 Quaglio 1987, LIX–LXII.

5 Dante 1472.

6 Dante 1502.

7 Quaglio 1987, S. LXII–LXVII; Gorni 2008, S. 235–240.

8 Dante 1555.

9 Quaglio 1987, LXVIII–LXXII; Baranski 1991; Tavoni 1998; Bellomo 2013, S. LV–LVIII.

10 Contini 1958.

11 *Convivio* 4, 23, S. 6–10

12 Nardi 1966, S. 120–121; Sapegno 1957, S. 3; Gorni 2008, S. 233; Santagata 2012, S. 118–119; Bellomo 2013, S. XLIII.

13 Nach Gorni 1995 ein Tier in drei verschiedenen Gestalten, wie eine perverse Parodie auf die Dreieinigkeit.

14 Gorni 1988, S. 133–147.

15 Flasch 2011, S. 98–109.

16 Gorni 1988, S. 147–150.

17 Pasquini 2006, S. 235; Flasch 2011, S. 129–151.

18 Volkmann 1897; Ulivi 1965.

19 Bellonzi 1970, S. 642: „Questo complesso di interpretazioni figurali della *Commedia*, che attestano una lettura approfondita, libera e critica, costituiscono il massimo monumento iconografico dantesco dell'età moderna, anzitutto per la qualità delle immagini, improntate da un estro inventivo, da una fluidità di segno, da un sentimento della luce e del colore che non si riscontrano in nessun altro illustratore moderno di Dante."

20 Friederich 1950, S. 228–232 und S. 214–217.

21 Terzoli 2000, S. 149–168.

22 Douglass 2004, S. 225 und passim.

23 Vincent 1953, S. 23–32 und passim.

24 Foscolo 1818a, S. 3–5; engl. Übersetzung S. 2–4: „… it is in the age of Dante, and principally from the influence of his genius, that we may date the commencement of the literary history of Europe".

25 Corrigan 1971, S. 217.

26 Russo 1949; Nardi 1962; Da Pozzo 1979; Petrocchi 1981.

27 Foscolo 1825, S. 186: „La Commedia di Dante è immedesimata nella patria, nella religione, nella filosofia, nelle passioni, nell'indole dell'autore; e nel passato, e nel presente e nell'avvenire de' tempi in che visse; ed in questa civiltà dell'Europa che originava con esso, se non da esso, e ne vediamo i progressi narrati da mille scrittori di padre in figlio."

Zwei Meister des „visibile parlare":
Dante und Blake

1 Bentley 2004, S. 556.

2 Bentley 2004, S. 283: „These he calls an Exhibition, of which he has published a Catalogue, or rather a farrago of nonsense, unintelligibleness, and egregious vanity, the wild effusions of a distempered brain."

3 Bentley 2004, S. 400–401: „… like one of the Antique patriarchs, or a dying Michael Angelo".

4 Descriptive Catalogue 1809, S. 44: „… all depends on Form or Outline … where that is wrong the Colouring can never be right …".

5 Bentley 2004, S. 699: „… a mere politician and atheist busied about this world's affairs".

6 *Descriptive Catalogue* 1809, S. 5.

7 Hoff 1983; Fuller 1988; Bindman 2000; Ura 2003.

8 Bentley 2004, S. 652: „It was in such things that Blake shone; the Scripture overawed his imagination, and he was too devout to attempt aught beyond a literal embodying of the majestic scene. He goes step by step with the narrative; always simple, and often sublime – never wandering from the subject, nor overlaying the text with the weight of his own exuberant fancy."

9 Keynes 1980: „I am too much attached to Dante to think much of anything else."

10 *Descriptive Catalogue* 1809, S. 55: „… eternal principles or characters of human life … Thus the reader will observe, that Chaucer makes every one of his characters perfect in his kind, every one is an Antique Statue; the image of a class, and not of an imperfect individual."

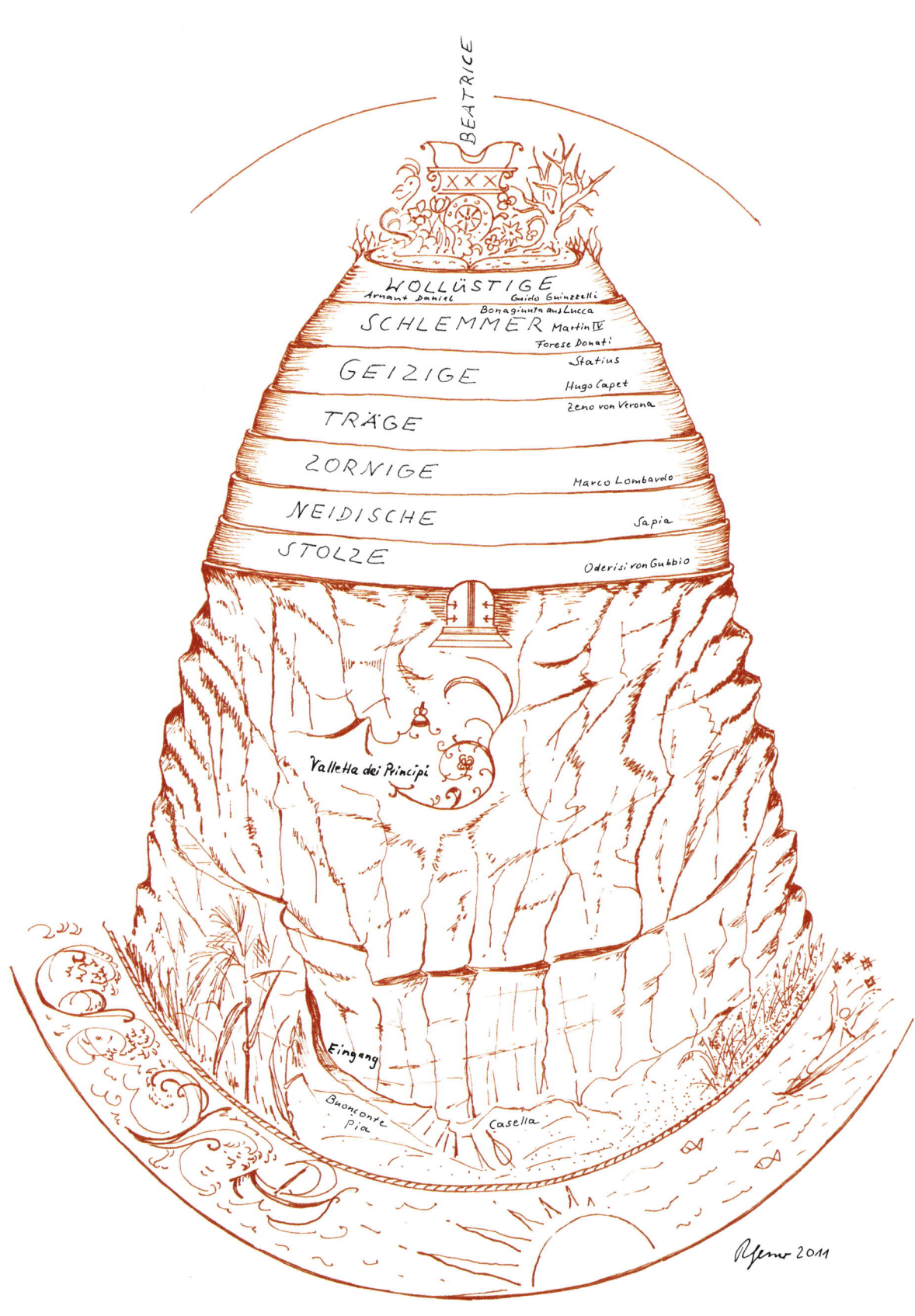

BEATRICE

WOLLÜSTIGE
Arnaut Daniel   Guido Guinizzelli
Bonagiunta aus Lucca
SCHLEMMER Martin IV
Forese Donati
GEIZIGE
Statius
Hugo Capet
TRÄGE
Zeno von Verona
ZORNIGE
Marco Lombardo
NEIDISCHE
Sapia
STOLZE
Oderisi von Gubbio

Valletta dei Principi

Eingang

Buonconte
Pia   Casella

Rferro 2011

Bibliografie

Ausgaben der *Divina Commedia*

La Commedia di Dante Alleghieri di Firenze, Johann Numeister, Foligno 1472.

Le terze rime di Dante. Lo 'Nferno e 'l Purgatorio e 'l Paradiso di Dante Alaghieri, Aldo Manuzio, Venedig 1502.

La Divina Commedia di Dante, di nuovo alla sua vera lettione ridotta con lo aiuto di molti antichissimi esemplari, Con argomenti, et allegorie per ciascun Canto, et Apostille nel margine, et Indice copiosissimo di tutti i Vocaboli piu importanti usati dal Poeta, con la sposition loro, appresso Gabriel Giolito de' Ferrari et fratelli, In Vinegia [Venedig] 1555.

The Divina Commedia of Dante Alighieri: Inferno, Purgatorio and Paradiso, übers. von Rev. Henry Boyd, T. Cadell, Jr., & W. Davies, London 1802.

The Vision: or Hell, Purgatory and Paradise, of Dante Alighieri, übers. von Rev. Henry Francis Cary, Taylor & Hessey, London 1814.

La Commedia di Dante Alighieri illustrata da Ugo Foscolo, Rolandi, London 1842–1843; neu abgedruckt in: Foscolo 1981.

La Divina Commedia di Dante Alighieri, mit einem Kommentar von Tommaso Casini, 6. überarbeitete und erweiterte Aufl., hrsg. von Silvio Adrasto Barbi, Vorwort von Michele Barbi, Sansoni, Florenz 1923.

Dante Alighieri, *La Divina Commedia*, kritische Textausgabe der Società Dantesca Italiana, überarbeitet von Giuseppe Vandelli anhand des Kommentars von Scartazzini, 13. überarbeitete und verbesserte Aufl., Hoepli, Mailand 1946 (1. Ausgabe 1928).

Dante Alighieri, *La Divina Commedia*, hrsg. von Natalino Sapegno, Ricciardi, Mailand/Neapel 1957 (Taschenbuchausgabe der *Cantiche*: La Nuova Italia, Florenz 1957).

Dante Alighieri, *La Commedia secondo l'antica vulgata*, kritische Textausgabe von Giuseppe Petrocchi für die Edizione nazionale della Società Dantesca Italiana, Einaudi, Turin 1966–1967.

Dante Alighieri, *La Divina Commedia. Inferno, Purgatorio, Paradiso*, hrsg. von Umberto Bosco und Giovanni Reggio, Le Monnier, Florenz 1979.

Dante, *La Divine Comédie. L'Enfer, Le Purgatoire, Le Paradis*, Übersetzung, Einleitung und Anmerkungen von Jacqueline Risset, Flammarion, Paris 1985–1990.

Dante Alighieri, *Commedia*, hrsg. von Emilio Pasquini und Antonio Quaglio, Garzanti, Mailand 1987.

Dante Alighieri, *Commedia*, kommentiert von Anna Maria Chiavacci Leonardi, Mondadori, Mailand 1991–1997 (*Inferno*, 1991; *Purgatorio*, 1994; *Paradiso*, 1997).

La Divina Commedia, kommentiert von Vittorio Sermonti, Mondadori, Mailand 1996.

Dante Alighieri, *Inferno, Purgatorio, Paradiso, A verse translation*, übers. von Robert und Jean Hollander, Einleitung und Anmerkungen von Robert Hollander, Doubleday, New York 1996–2007.

Dantis Alagherii Comedia, hrsg. von Federico Sanguineti, Edizioni del Galluzzo, Florenz 2001.

Dante Alighieri, *Commedia. Inferno*, Textbearbeitung und Kommentar von Giorgio Inglese, Carocci, Rom 2007.

Dante Alighieri, *La Commedia. Die Göttliche Komödie. I. Inferno/Hölle, II. Purgatorio/Läuterungsberg, III. Paradiso/Paradies*, Italienisch/Deutsch, übers. von Hartmut Köhler, Reclam Bibliothek, Stuttgart 2010–2013.

Dante Alighieri, *Commedia*, in deutscher Prosa von Kurt Flasch, S. Fischer Verlag, Frankfurt am Main 2011.

Dante Alighieri, *Commedia. Purgatorio*, Textbearbeitung und Kommentar von Giorgio Inglese, Carocci, Rom 2011.

La Commedia di Dante, gelesen von Vittorio Sermonti, 3 CD, Giunti, Florenz 2012.

Dante Alighieri, *Die Göttliche Komödie*, illustriert von Gustave Doré, mit einer Einleitung von Anja Grebe, Wissenschaftliche Buchgesellschaft, Darmstadt 2012.

Dante Alighieri, *Commedia. Inferno*, hrsg, von Saverio Bellomo, Einaudi, Turin 2013.

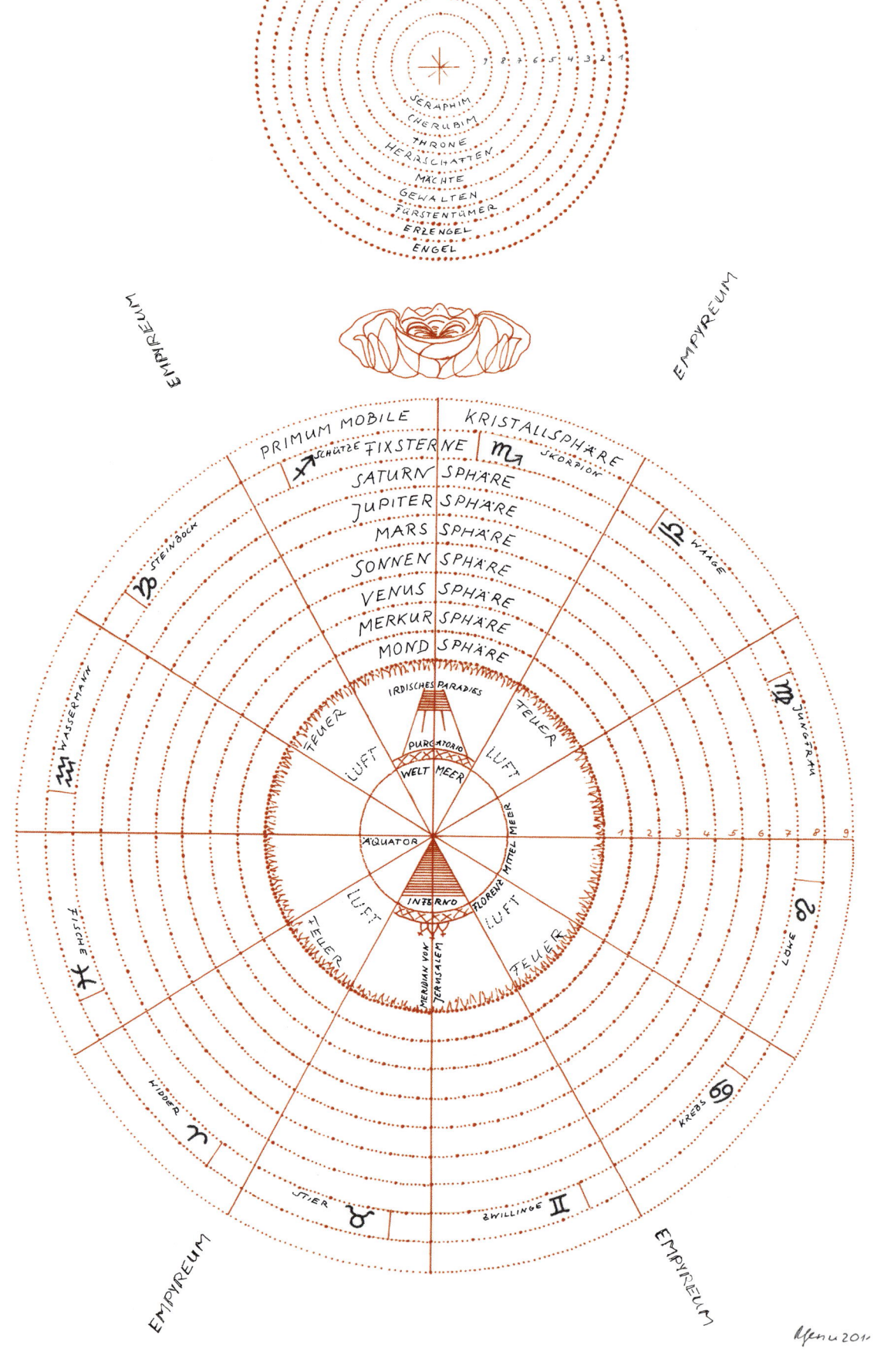

SERAPHIM
CHERUBIM
THRONE
HERRSCHAFTEN
MÄCHTE
GEWALTEN
FÜRSTENTÜMER
ERZENGEL
ENGEL

9 8 7 6 5 4 3 2 1

EMPYREUM

EMPYREUM

PRIMUM MOBILE   KRISTALLSPHÄRE

SCHÜTZE FIXSTERNE   ♏   SKORPION

SATURN SPHÄRE

JUPITER SPHÄRE

MARS SPHÄRE

SONNEN SPHÄRE

VENUS SPHÄRE

MERKUR SPHÄRE

MOND SPHÄRE

♐

STEINBOCK ♑

♑ WAAGE

WASSERMANN ♒

♍ JUNGFRAU

IRDISCHES PARADIES

TEUER   TEUER

LUFT   PURGATORIO   LUFT
        WELT MEER

ÄQUATOR

LUFT   INFERNO   LUFT
        FLORENZ MITTEL MEER

TEUER   TEUER

MERIDIAN VON JERUSALEM

1 2 3 4 5 6 7 8 9

LÖWE ♌

FISCHE ♓

KREBS ♋

WIDDER ♈

STIER ♉   ZWILLINGE ♊

EMPYREUM

EMPYREUM

Menu 2011

Weiterführende Literatur

Adams, Hazard, *William Blake on His Poetry and Painting. A study of „A Descriptive Catalogue", other prose writings and „Jerusalem"*, Jefferson N.C., London 2011.

Alessi, Andrea, Dante, *Sebastiano e Michelangelo. L'inferno nella Pietà di Viterbo*, Mailand 2007.

Asor Rosa, Alberto, „Dante Alighieri", in: *Storia europea della letteratura italiana. I. Le origini e il Rinascimento*, Turin 2009, S. 140–233.

Auerbach, Erich, *Dante als Dichter der irdischen Welt*, Berlin 1929 (Berlin 2001: Mit einem Nachwort von Kurt Flasch).

Auerbach, Erich, „Figura", in: *Archivum romanicum, XXII*, 1938, S. 436–489.

Auerbach, Erich, *Studi su Dante*, Vorwort von Dante Della Terza, Mailand 1963.

Baranski, Zygmunt G., „,Comedìa'. Notes on Dante, the Epistle to Cangrande, and Medieval Comedy", in: *Lectura Dantis*, VIII, 1991, S. 26–55 (ital. Übersetzung mit leichten Änderungen, „Comedia': Dante, l'epistola a Cangrande e la commedia medievale", in: Baranski 2001, S. 41–76).

Baranski, Zygmunt G., „*Chiosar con altro testo". Leggere Dante nel Trecento*, Florenz 2001.

Baranski, Zygmunt G., „L'esegesi medievale della ,Commedia' e il problema delle fonti", in: Baranski 2001, S. 13–39 (Baranski 2001a).

Barbi, Michele, *Dante. Vita, opere e fortuna, con due saggi su Francesca e su Farinata*, Florenz 1933 (dt. Übersetzung: *Dante. Leben, Werk und Wirkung*, übers. von Georg Englhardt, Regensburg 1943).

Barbi, Michele, „Poesia e struttura nella ,Divina Commedia'", in: *Problemi fondamentali per un nuovo commento della Divina Commedia*, hrsg. von Ernesto Giacomo Parodi, Florenz 1955, S. 7–20.

Baretti, Giuseppe, *Dissertation upon the Italian Poetry, in which are interspersed some Remarks on Mr. Voltaire's Essay on the Epic Poets*, London 1753.

Barnes, Bernadine, „Metaphorical painting. Michelangelo, Dante, and the Last Judgment", in: *Art Bulletin*, LXXVII, 1995, S. 65–81.

Barolini, Teodolinda, *The undivine Comedy. Detheologizing Dante*, Princeton 1992.

Battaglia Ricci, Lucia, „Iconografia del Dante urbinate della Biblioteca Vaticana (Cod. Urb. Lat. 365)", in: *Lectura Dantis Scaligera 2005–2007*, hrsg. von Ennio Sandal, Rom 2008, S. 183–211.

Battaglia Ricci, Lucia, „La tradizione iconografica della Commedia", in: *Dante e la fabbrica* 2008, S. 239–254.

Battaglia Ricci, Lucia, „Ai margini del testo: considerazioni sulla tradizione del Dante illustrato", in: *Italianistica*, XXXVIII, 2009, 2, S. 39–58.

Baulch, David M., „,To rise from generation'. The sublime body in William Blake's illuminated books", in: *Word & Image*, XIII, 1997, S. 340–365.

Bellomo, Saverio, *Filologia e critica dantesca*, überarbeitete und erweiterte Neuausgabe, Brescia 2012.

Bellomo, Saverio, „Introduzione alla ,Commedia'", in: Dante 2013, S. XLII–LVIII.

Bellonzi, Fortunato, „Blake, William", in: *Enciclopedia dantesca*, 1970, Bd. I, S. 642–643.

Bentley, Gerald Eades, *Blake Books. Annotated Catalogues of William Blake's Writings in Illuminated Printing, in Conventional Typography and in Manuscript and Reprints Thereof. Reproductions of His Designs. Books with His Engravings. Catalogues. Books He Owned and Scholarly and Critical Works about Him*, Oxford 1977.

Bentley, Gerald Eades, *The stranger from paradise. A biography of William Blake*, New Haven 2001.

Bentley, Gerald Eades, *William Blake's Writings*, 2 Bde., 2. erweiterte Aufl., Oxford 2001.

Bentley, Gerald Eades, *Blake Records. Documents (1714–1841) concerning the life of William Blake (1757–1827) and his family*, 2. erweiterte Aufl., New Haven/London 2004.

Benvenuto de Rambaldis da Imola, *Comentum super Dantis Aldigherii Comoediam*, hrsg. von Giacomo Filippo Lacaita, Florenz 1887.

Bindman, David, *Blake as an Artist*, Oxford 1977.

Bindman, David, *The Complete Graphic Works of William Blake*, London 1978.

Bindman, David, *William Blake. The Divine Comedy*, Paris 2000.

Bindman, David, *John Flaxman: The Illustrations for Dante's Divine Comedy*, London 2005.

Blake, William, *Seen in my Visions. A Descriptive Catalogue (London 1809)*, kommentierte Ausgabe, hrsg. von Martin Myrone, London 2009.

Blake e Dante, Kat. d. Ausst., hrsg. von Corrado Gizzi, Torre de' Passeri 1983.

Blunt, Anthony, *The Art of William Blake*, New York 1959.

Boccaccio, Giovanni, „Trattatello in laude di Dante (De origine, vita, studiis et moribus viri clarissimi Dantis Alagerii florentini, poete illustris, et de operibus compositis ab eodem)", in: *Opere in versi, Corbaccio, Trattatello in laude di Dante, Prose latine, Epistole*, hrsg. von Pier Giorgio Ricci, Mailand/Neapel 1965.

Bollati, Milvia, *La Divina Commedia di Alfonso d'Aragona Re di Napoli. Commentario al manoscritto Yates Thompson 36, London, British Library*, 2 Bde., Modena 2006.

Braida, Antonella, „The Literalism of William Blake's Illustrations to the Divine Comedy", in: *Image and*

Word, hrsg. von Antonella Braida und Giuliana Pieri, Oxford 2003, S. 91–113.

Braida, Antonella und Luisa Calè (Hrsg.), *Dante on View. The Reception of Dante in the Visual and Performing Arts*, Aldershot 2007.

Brieger, Peter, Millard Meiss und Charles S. Singleton, *Illuminated Manuscripts of the Divine Comedy*, 2 Bde., New York 1969.

Brunner, Michael, *Die Illustrierung von Dantes Divina Commedia in der Zeit der Dante-Debatte (1570–1600)*, München 1999.

Butlin, Martin, *The Paintings and Drawings of William Blake*, 2 Bde., New Haven 1981.

Büttner, Frank, „John Flaxmans Illustrationen zu Dantes Divina Commedia: die ersten Skizzen und die Herausbildung des ‚Umrißlinienstils‘", in: *Italiensehnsucht*, hrsg. von Hildegard Wiegel, München 2004, S. 95–109.

Casamassima, Emanuele, *La prima edizione della ‚Divina Commedia‘ (Foligno 1472)*, Mailand 1972.

Chayes, Irene H., „Fallen Earth and Man in Nature. William Blake in Iconographic Tradition", in: *Studies in Iconography*, X, 1984–1986, S. 169–195.

Chevrier, Jean-François, *L'hallucination artistique de William Blake à Sigmar Polke*, Paris 2012.

Ciccuto, Marcello, „Fonti, intertesti e strategie retoriche della cultura figurativa dantesca nella ‚Commedia‘", in: *Dante e la fabbrica* 2008, S. 161–170.

Contini, Gianfranco, „Dante come personaggio-poeta della ‚Commedia‘", in: *L'Approdo letterario*, IV, 1958, 1; neu abgedruckt in: *Varianti e altra linguistica. Una raccolta di saggi (1938–1968)*, Turin 1970, S. 335–361.

Contini, Gianfranco, „Un'interpretazione di Dante", in: *Paragone*, XVI, 1965, 188, S. 3–42; neu abgedruckt in: *Varianti e altra linguistica. Una raccolta di saggi (1938–1968)*, Turin 1970, S. 369–405.

Contini, Gianfranco, *Un'idea di Dante. Saggi danteschi*, Turin 1970.

Contini, Gianfranco, „Dante Alighieri", in: *Letteratura italiana delle Origini*, Florenz 1970, S. 297–428.

Cormack, Malcolm, *William Blake. Illustrations of the Book of Job*, Richmond 1997.

Corrigan, Beatrice, „Foscolo's articles on Dante in the Edinburgh Review: a study in collaboration", in: *Collected essays on Italian language and literature presented to Kathleen Speight*, hrsg. von Giovanni Aquilecchia, Stephen N. Cristea, Sheila Ralphs, Manchester 1971, S. 211–225.

Corti, Maria, *Percorsi dell'invenzione. Il linguaggio poetico e Dante*, Turin 1993.

Curtius, Ernst Robert, „Dante", in: *Europäische Literatur und lateinisches Mittelalter*, Bern 1948 (11. Aufl. 1993).

Da Pozzo, Giovanni, „Introduzione", in: Foscolo 1979, S. XVII–CXV.

Damon, S. Foster, *A Blake Dictionary. The Ideas and Symbols of William Blake*, London 1979.

Dante e la fabbrica della Commedia, hrsg. von Alfredo Cottignoli, Donatino Domini, Giorgio Gruppioni, Ravenna 2008.

Dante historiato da Federigo Zuccaro, Faksimileband, Rom 2004.

Dante historiato da Federigo Zuccaro, Kommentarband, hrsg. von Andrea Mazzucchi, Rom 2005.

Dantes Göttliche Komödie. Drucke und Illustrationen aus sechs Jahrhunderten, Kat. d. Ausst., hrsg. von Lutz S. Malke, Berlin 2000.

Dent, Shirley und Jason Whittaker, *Radical Blake. Influence and afterlife from 1827*, Basingstoke 2002.

Dionisotti, Carlo, „Varia fortuna di Dante", in: *Rivista storica italiana*, LXXVIII, 1966, S. 544–583; neu abgedruckt in: *Geografia e storia della letteratura italiana*, Turin 19772 (1. Aufl.: 1967), S. 255–303.

Dörrbecker, Detlef W., *Konvention und Innovation. Eigenes und Entliehenes in der Bildform bei William Blake und in der britischen Kunst seiner Zeit*, Berlin 1992.

Douglass, Paul, *Lady Caroline Lamb. A Biography*, New York 2004.

Dunbar, Pamela, *William Blake's Illustrations to the Poetry of Milton*, Oxford 1980.

Eaves, Morris, *William Blake's Theory of Art*, Princeton 1982.

Eaves, Morris, *The Counter-Arts Conspiracy. Art and Industry in the Age of Blake*, Ithaca 1992.

Emison, Patricia A., *Creating the „divine" artist from Dante to Michelangelo*, Leiden 2004.

Enciclopedia Dantesca, hrsg. von Umberto Bosco, Istituto della Enciclopedia Italiana, Rom 1970–1978 (2. verbesserte Aufl. 1984).

Erle, Sibylle, *Blake, Lavater, and physiognomy*, London 2010.

Essick, Robert N., *The Visionary Hand. Essays for the study of William Blake's art and aesthetics*, Los Angeles 1973.

Essick, Robert N., *William Blake's Commercial Book Illustrations: A Catalogue and Study of the Plates Engraved by Blake after Designs by Other Artists*, Oxford 1991.

Federico Zuccari e Dante, Kat. d. Ausst., hrsg. von Corrado Gizzi, Torre de' Passeri 1993.

Ferber, Michael, *The Social Vision of William Blake*, Princeton 1985.

Flasch, Kurt, *Einladung Dante zu lesen*, Frankfurt am Main 2011.

Flaxman, John, *La Divina Commedia di Dante Alighieri cioè l'Inferno, Il Purgatorio ed il Paradiso*

Composto da Giovanni Flaxman ed inciso da Tommaso Piroli, Rom 1794.

Flaxman e Dante, Kat. d. Ausst., hrsg. von Corrado Gizzi, Mailand 1986.

Foscolo, Ugo, „Primo articolo della Edinburgh Review (febbraio 1818)", in: *Edinburgh Review*, LVIII, 1818, S. 453–474; neu abgedruckt in: Foscolo 1979, S. 1–55.

Foscolo, Ugo, „Secondo articolo della Edinburgh Review (settembre 1818)", in: *Edinburgh Review*, LX, 1818, S. 317–351; neu abgedruckt in: Foscolo 1979, S. 57–145.

Foscolo, Ugo, *Discorso sul testo e su le opinioni diverse prevalenti intorno alla storia e alla emendazione critica della Commedia di Dante*, London 1825; neu abgedruckt in: Foscolo 1979, S. 147–573.

Foscolo, Ugo, *Studi su Dante. Parte prima. Articoli della Edinburgh Review, Discorso sul testo della Commedia*, hrsg. von Giovanni Da Pozzo, Edizione Nazionale delle Opere, IX, 1, Florenz 1979.

Foscolo, Ugo, *Studi su Dante. Parte seconda. Commedia di Dante Alighieri*, hrsg. von Giorgio Petrocchi, Edizione Nazionale delle Opere, IX, 2, Florenz 1981.

Friederich, Werner P., *Dante's Fame abroad 1350–1850. The Influence of Dante Alighieri on the Poets and Scholars of Spain, France, England, Germany, Switzerland and the United States*, Rom 1950.

Frommert, Christian, *Heros und Apokalypse. Zum Erhabenen in Werken Johann Heinrich Füsslis und William Blakes*, Aachen 1996.

Frye, Northrop, *Fearful Symmetry: A Study of William Blake*, Princeton 1947.

Fuller, David, „Blake and Dante", in: *Art History*, XI, 1988, 3, S. 349–373.

Füssli e Dante, Kat. d. Ausst., hrsg. von Corrado Gizzi, Mailand 1985.

Gilson, Étienne, *Dante et la philosophie*, Paris 1939.

Gizzi, Corrado, *Dante istoriato. Vent'anni di ricerca iconografica dantesca*, Mailand 1999.

Gorni, Guglielmo, „Parodia e scrittura in Dante", in: *Dante e la Bibbia, Atti del Convegno Internazionale, 26–27–28 settembre 1986*, hrsg. von Giovanni Barblan, Florenz 1988, S. 323–340; neu abgedruckt unter dem Titel „Parodia e scrittura. L'uno, il due e il tre", in: Gorni 1990, S. 133–154.

Gorni, Guglielmo, „Spirito profetico duecentesco e Dante", in: *Letture classensi*, XIII, Ciclo curato da Maria Corti, Ravenna 1984, S. 49–68; neu abgedruckt unter dem Titel „Cifre profetiche", in: Gorni 1990, S. 109–131.

Gorni, Guglielmo, „Arti divinatorie", in: Gorni 1990, S. 155–174.

Gorni, Guglielmo, *Lettera nome numero. L'ordine delle cose in Dante*, Bologna 1990.

Gorni, Guglielmo, *Dante nella selva*, Parma 1995 (Neuauflage Florenz 2002).

Gorni, Guglielmo, *Dante. Storia di un visionario*, Bari 2008.

Gothic Nightmares. Fuseli, Blake and the Romantic Imagination, Kat. d. Ausst., hrsg. von Martin Myrone, London 2006.

Haggarty, Sarah, *Blake's Gifts. Poetry and the Politics of Exchange*, Cambridge 2010.

Hagstrum, Jean H., *William Blake. Poet and Painter: An Introduction to the Illuminated Verse*, Chicago 1964.

Hamlyn, Robin, *William Blake and Patronage*, London 1995.

Hartmann, Wolfgang, *Die Wiederentdeckung Dantes in der deutschen Kunst: J. H. Füssli, A. J. Carstens, J. A. Koch*, Dissertation, Bonn 1969.

Heppner, Christopher, *Reading Blake's Designs*, Cambridge 1995.

Herzman, Ronald B., „‚Visibile parlare'. Dante's Purgatorio 10 and Luca Signorelli's San Brizio frescoes", in: *Studies in Iconography*, XX, 1999, S. 155–183.

Hoff, Ursula, „Le illustrazioni dantesche di William Blake", in: *Blake e Dante*, Kat. d. Ausst., hrsg. von Corrado Gizzi, Torre de' Passeri 1983, S. 43–45.

Hollander, Robert, Allegory in Dante's ‚Commedia', Princeton 1969.

Hollander, Robert, *Il Virgilio dantesco: tragedia nella ‚Commedia'*, Florenz 1983.

Hollander, Robert, *Dante. A Life in Works*, New Haven 2001.

Imbach, Ruedi, *Dante, la philosophie et les laïcs. Initiations à la philosophie médiévale*, I, Fribourg 1996.

Inglese, Giorgio, *Dante: guida alla Divina Commedia*, Neuauflage, Rom 2012 (1. Aufl. 2002).

James, Sara Nair, *Signorelli and Fra Angelico at Orvieto: Liturgy, Poetry and a Vision of the End-Time*, Aldershot 2003.

Kemp, Martin, „In the light of Dante. Meditations on natural and divine light in Piero della Francesca, Raphael and Michelangelo", in: *Ars naturam adiuvans, Festschrift für Matthias Winner*, hrsg. von Victoria von Flemming und Sebastian Schütze, Mainz 1996, S. 160–177.

Keynes, Geoffrey, *Blake Studies. Essays on His Life and Work*, Oxford 1971.

Keynes, Geoffrey, *The Letters of William Blake, with related documents*, 3. verbesserte Aufl., Oxford 1980.

Klonsky, Milton, *Blake's Dante*, London 1980.

Letteratura e filologia fra Svizzera e Italia. Studi in onore di Guglielmo Gorni, I. Dante: la ‚Commedia' e altro, hrsg. von Maria Antonietta Terzoli, Alberto Asor Rosa, Giorgio Inglese, Rom 2010.

Lindberg, Bo, *William Blake's Illustrations to the Book of Job*, Åbo/Turku 1973.

Lüdeke, Roger, *Zur Schreibkunst von William Blake. Ästhetische Souveränität und politische Imagination*, München 2013.

Mercuri, Roberto, „‚Comedia‘ di Dante Alighieri“, in: *Letteratura italiana*, hrsg. von Alberto Asor Rosa, *Le Opere*, I. *Dalle Origini al Cinquecento*, Turin 1992, S. 211–329.

Michelangelo e Dante, Kat. d. Ausst., hrsg. von Corrado Gizzi, Mailand 1995.

Milbank, Alison, *Dante and the Victorians*, Manchester 1998.

Mitchell, William J. Thomas, *Blake's Composite Art. A Study of the Illuminated Poetry*, Princeton 1978.

Myrone, Martin, *The Blake Book*, London 2007.

Nardi, Bruno, „Dante profeta“, in: *Dante e la cultura medievale. Nuovi saggi di filosofia dantesca*, Bari 1942; neu hrsg. v. Paolo Mazzatinti, Bari 1985, S. 265–326.

Nardi, Bruno, *Nel mondo di Dante*, Rom 1944.

Nardi, Bruno, *Saggi e note di critica dantesca*, Mailand/Neapel 1966.

Nardi, Bruno, „Sull'interpretazione allegorica e sulla struttura della ‚Commedia di Dante‘“, in: Nardi 1966, S. 110–165.

Nardi, Bruno, „Dante letto dal Foscolo“, in: *Atti del I Congresso Nazionale di Studi Danteschi: Dante nel secolo dell'unità d'Italia, Caserta–Napoli 21–25 maggio 1961*, Florenz 1962, S. 56–74; neu abgedruckt in: Nardi 1966, S. 166–189.

Otto, Peter, „Blake's Critique of Transcendence. Love, Jealousy and the Sublime“, in: *The Four Zoas*, Oxford 2000.

Otto, Peter, „Politics, aesthetics, and Blake's ‚bounding line‘“, in: *Word & Image*, XXVI, 2010, 2, S. 172–185.

Padoan, Giorgio, *Introduzione a Dante*, Florenz 1975.

Pasquini, Emilio, *Dante e le figure del vero. La fabbrica della ‚Commedia‘*, Mailand 2001.

Pasquini, Emilio, *Vita di Dante. I giorni e le opere*, Mailand 2006.

Pertile, Lino, *La punta del disio. Semantica del desiderio nella ‚Commedia‘*, Florenz 2005.

Pertile, Lino, „Sul dolore nella ‚Commedia‘“, in: *Letteratura e filologia*, 2010, S. 105–120.

Petrocchi, Giuseppe, „Introduzione“, in: Foscolo 1981, S. IX–XLIV.

Petrocchi, Giuseppe, *Vita di Dante*, Rom/Bari 1983.

Phillips, Michael R., *William Blake. The Creation of the ‚Songs‘ from Manuscripts to Illuminated Printing*, London 2000.

Phillips, Michael R., „The Printing of Blake's illustrations of the book of Job“, in: *Print Quarterly*, XXII, 2005, 2, S. 138–159.

Pfisterer, Ulrich, *Donatello und die Entdeckung der Stile 1430–1445*, München 2002.

The Complete Poetry and Prose of William Blake, neu bearbeitet und hrsg. von David V. Erdman, Berkeley/Los Angeles 1982.

Quaglio Antonio, „Cronologia della ‚Commedia‘“, „Diffusione del poema“, „Titolo e genere“, in: *Dante 1987*, S. LVIII–LXXII.

Regnoni-Macera Pinsky, Clara, „L'illustrazione della Divina Commedia di Gustave Doré e la sua relazione con quella di Sandro Botticelli e William Blake“, in: *Letteratura italiana e arti figurative*, Kongressakten, 3 Bde., Florenz 1988, I, S. 269–276.

Reif-Hülser, Monika, „‚Exuberance is Beauty‘. William Blake – der Revolutionär und Sammler“, in: *Sammler – Bibliophile – Exzentriker*, hrsg. von Aleida Assmann und Monika Gomille, Tübingen 1998, S. 227–250.

Roe, Albert S., *Blake's Illustrations to the Divine Comedy*, Princeton 1953.

Rossi, Massimiliano, „Alessandro Vellutello e Giovanni Britto che ‚per sé fuoro‘ sul corredo grafico della ‚Nova esposizione‘“, in: *Studi rinascimentali*, 2007, S. 127–144.

Russo, Luigi, „La nuova critica dantesca del Foscolo e del Mazzini“, in: *Belfagor*, IV, 1949, 6, S. 621–637; neu abgedruckt in: Il tramonto del letterato. Scorci etico-politico-letterari sull'Otto e Novecento, Bari 1960.

Saklofske, Jon, „A Fly in the Ointment: Exploring the Creative Relationship between William Blake and Thomas Gray“, in: *Word & Image*, XIX, 2003, S. 166–179.

Salvadori, Francesca (Hrsg.), *La Divina Commedia illustrata da Flaxman*, Mailand 2004.

Sandro Botticelli: der Bilderzyklus zu Dantes Göttlicher Komödie, Kat. d. Ausst., hrsg. von Hein-Thomas Schulze Altcappenberg, Berlin 2000.

Santagata, Marco, *L'io e il mondo. Un'interpretazione di Dante*, Bologna 2011.

Santagata, Marco, *Dante. Il romanzo della sua vita*, Mailand 2012.

Sapegno, Natalino, „Dante Alighieri“, in: *Storia della Letteratura Italiana*, hrsg. von Emilio Cecchi und Natalino Sapegno, II, *Il Trecento*, Mailand 1965, S. 7–18 und 87–165.

Sauerländer, Willibald, „Gott ist kein mathematisches Diagramm. Aus dem Geschlecht der Verzückten und der Mystiker: der Dichter und Graphiker William Blake“, in: Willibald Sauerländer, *Die Luft auf der Spitze des Pinsels. Kritische Spaziergänge durch Bildersäle*, München 2002, S. 102–108.

Schiff, Gert, *Johann Heinrich Füssli 1741–1825*, 2 Bde., Zürich 1973.

Scott, John, *Understanding Dante*, Notre Dame 2004.

Sermonti, Vittorio (Hrsg.), *L'Inferno di Dante*, in Zusammenarbeit mit Gianfranco Contini, Mailand 1988; *Il Purgatorio di Dante*, in Zusammenarbeit mit Gianfranco Contini, ebd. 1990; *Il Paradiso di Dante*, bearbeitet von Cesare Segre, ebd. 1993.

Shaw, Prue, *Reading Dante. From here to Eternity*, New York 2014.

Signorelli e Dante, Kat. d. Ausst., hrsg. von Corrado Gizzi, Torre de' Passeri 1991.

Singleton, Charles S., *Commedia. Elements of Structure*, Cambridge, Mass. 1954.

Singleton, Charles S., *Journey to Beatrice*, Cambridge, Mass. 1958.

Singleton, Charles S., *La poesia della Divina Commedia*, übers. von Gaetano Prampolini, Bologna 1978.

Spitzer, Leo, „The Addresses to the Reader in the ‚Commedia'", in: *Italica*, XXXII, 1955, S. 143–165 (italien. Übersetzung: „Gli appelli al lettore nella ‚Commedia'", in: *Studi italiani*, a cura di Claudio Scarpati, Mailand 1976, S. 213–239).

Steinberg, Justin, *Dante and the Limits of the Law*, Chicago 2013.

Stierle, Karlheinz, *Das große Meer des Sinns. Hermeneutische Erkundungen in Dantes Commedia*, München 2007.

Stierle, Karlheinz, „Virgilio in Paradiso. Cortesia e parlar coperto nella ‚Commedia'", in: *Letteratura e filologia*, 2010, S. 257–274.

Stoltz, Barbara, *Gesetz der Kunst – Ordo der Welt. Federico Zuccaros Dante-Zeichnungen*, Hildesheim 2011.

Sung, Mei-Ying, William Blake and the art of engraving, London 2009.

Tavoni, Mirko, „Il titolo della ‚Commedia' di Dante", in: *Nuova rivista di letteratura italiana*, I, 1998, 1, S. 9–34.

Terzoli, Maria Antonietta, *Foscolo*, Rom/Bari 2000.

Trodd, Colin, *Visions of Blake. William Blake in the Art World 1830–1930*, Liverpool 2012.

Ulivi, Ferruccio, „Dante e l'arte figurativa", in: *Dante*, Mostra Nazionale Dantesca, Palazzo Venezia, hrsg. von Umberto Parrichi, Rom 1965, S. 171–189.

Ura, Kazuaki, „Un'agghiaciante simmetria: W. Blake, lettore-illustratore di Dante", in: *Visioni dell'aldilà in Oriente e Occidente*, hrsg. von Shigetoshi Osano, Tokio 2003, S. 35–64.

Vellutello, Alessandro, *La ‚Comedia' di Dante Aligieri con la nova esposizione*, hrsg. von Donato Pirovano, 3 Bde., Rom 2006.

Vincent, Eric Reginald Pearce, *Ugo Foscolo. An Italian in Regency England*, Cambridge 1953.

Viscomi, Joseph, „Blake's Illuminated Word", in: *Art, Word and Image*, hrsg. von John Dixon Hunt, David Lomas, Michael Corris, London 2010, S. 87–109.

Volkmann, Ludwig, *Iconografia Dantesca. Die bildlichen Darstellungen zur Göttlichen Komödie*, Leipzig 1897.

Warner, Janet Adele, *Blake and the Language of Art*, Kingston, Ontario 1984.

William Blake 1757–1827, Kat. d. Ausst., hrsg. von Werner Hofmann, Hamburg 1975.

William Blake, Kat. d. Ausst., hrsg. von Robin Hamlyn und Michael R. Phillips, London 2000.

William Blake (1757–1827). Le génie visionnaire du romantisme anglais, Kat. d. Ausst., hrsg. von Michael R. Phillips, Paris 2009.

William Blake. The Painter at Work, Kat. d. Ausst., hrsg. von Joyce H. Townsend, London 2003.

Seite 452
Ruth Gesser
Aufbau des *Inferno*, 2011
Privatsammlung

Seite 454
Ruth Gesser
Aufbau des *Purgatorio*, 2011
Privatsammlung

Seite 456
Ruth Gesser
Aufbau des *Paradiso*, 2011
Privatsammlung

Die Autoren

Sebastian Schütze war nach dem Studium der Kunstgeschichte, klassischen Archäologie und alten Geschichte in Berlin, Rom, Köln und Bonn einige Jahre als wissenschaftlicher Assistent an der Bibliotheca Hertziana (Max-Planck-Institut für Kunstgeschichte) in Rom tätig, wo er 2001–2003 die interdisziplinäre Forschungsgruppe „Strategien frühneuzeitlicher Repräsentation" leitete. In den Jahren 2003–2009 lehrte er als Bader Chair in Southern Baroque Art an der Queen's University in Kingston. Seit 2009 hat er einen Lehrstuhl für Neuere Kunstgeschichte an der Universität Wien inne. Er ist Mitglied des Wissenschaftlichen Beirates des Istituto Italiano per gli Studi Filosofici in Neapel und Mitglied der Österreichischen Akademie der Wissenschaften. Neben zahlreichen Publikationen zur europäischen Kunst der frühen Neuzeit, besonders zur Kunst und Kunstpatronage im päpstlichen Rom und zur Malerei Neapels, war er maßgeblich an großen internationalen Ausstellungen beteiligt, wie *Bernini Scultore* (Rom, Villa Borghese), *Melchior Lechters Gegen-Welten* (Münster, Westfälisches Landesmuseum für Kunst und Kulturgeschichte), *Barock im Vatikan* (Bonn, Bundeskunsthalle), *Caravaggio and his Followers in Rome* (Ottawa, National Gallery), *Bernini. Erfinder des barocken Rom* (Leipzig, Museum der bildenden Künste) und *Der Göttliche: Michelangelo als Inspiration* (Bonn, Bundeskunsthalle).

Maria Antonietta Terzoli hat nach ihrem Studium der italienischen Literaturwissenschaft in Pavia, Bologna und Genf an den Universitäten Genf und Zürich unterrichtet. Seit 1991 ist sie Professorin für italienische Philologie an der Universität Basel. Als Philologin und Interpretin literarischer Texte – auch aus komparatistischer Sicht – konzentrierte sie sich in ihren Studien auf Schriftsteller aus dem vierzehnten bis zwanzigsten Jahrhundert mit besonderem Augenmerk auf der Beziehung zwischen Text und Bild. Veröffentlicht wurden von ihr folgende Werke: *Il libro di Jacopo* (1988; Premio Angelini), *La casa della 'Cognizione'* (1993 e 2005), *Foscolo* (2000), *Le lingue di Gadda* (1995), *I margini del libro* (2004), *Le prime lettere* (2004; Premio Moretti), *Piccolomini und Basel* (2005), *Piccolomini: uomo di lettere* (2006), *Con l'incantesimo della parola* (2007), *Alle sponde del tempo* (2009), *Nell'atelier dello scrittore* (2010), *Commento a 'Quer pasticciaccio brutto de via Merulana'* (2015; mit V. Vitale), *Gadda: guida al 'Pasticciaccio'* (2016), *Dante und die bildenden Künste* (2016, mit S. Schütze), *Invenzione del moderno (2017).* Sie ist zudem Herausgeberin mehrerer Veröffentlichungen der Werke von Foscolo, Leopardi, Ungaretti, Saba, Montale und Gadda. Seit 2002 leitet sie ein Forschungsprojekt zu Widmungen (www.margini. unibas.ch) und die Zeitschrift *Margini*.

Fotonachweis

Impressum

TASCHEN ARBEITET KLIMANEUTRAL.
Unseren jährlichen Ausstoß an Kohlenstoffdioxid
kompensieren wir mit Emissionszertifikaten
des Instituto Terra, einem Regenwaldaufforstungs-
programm im brasilianischen Minas Gerais, gegründet von Lélia und Sebastião Salgado. Mehr über
diese ökologische Partnerschaft erfahren Sie unter:
www.taschen.com/zerocarbon
Inspiration: grenzenlos. CO2-Bilanz: null.

Stets gut informiert sein: Fordern Sie bitte unser
Magazin an unter www.taschen.com/magazine,
folgen Sie uns auf Instagram und Facebook oder
schreiben Sie an contact@taschen.com.

Seite 2
William Blake
Porträt von Dante Alighieri (Detail), 1800–1805
Feder und Tempera auf Leinwand, 42,5 x 87,8 cm
Manchester Art Gallery

Seite 4–5
William Blake
**Dante trinkt im Empyreum aus dem Fluss
des Lichtes** (Detail von Tafel 101), 1824–1827
Stift und Aquarell, 52,8 x 37,1 cm
London, Tate Collection

© 2022 TASCHEN GmbH
Hohenzollernring 53, D–50 672 Köln
www.taschen.com

Originalausgabe: © 2014 TASCHEN GmbH

**Textzitate aus Dantes *Göttlicher Komödie*,
deutsche Übersetzung:**
Dante Alighieri, *La Commedia. Die Göttliche Komödie. I. Inferno/Hölle, II. Purgatorio/Läuterungsberg,
III. Paradiso/Paradies*, Italienisch/Deutsch, übers.
von Hartmut Köhler. © Philipp Reclam jun. GmbH
& Co. KG, Stuttgart, 2010–2013.

Übersetzung: Petra Kaiser, Berlin
(Einleitung von Maria Antonietta Terzoli)

Printed in Latvia
ISBN 978-3-8365-6860-9